혜원바둑총서 12

활용편

왕초보
바둑 배우기

| 편집부 지음 | 박재삼 감수 |

혜원

책머리에

'정석'이라는 말을 들어 보았을 것이다. 굳이 바둑 용어가 아니라도 '정해진 방식' 또는 '틀에 박힌 일'이라는 뜻으로도 두루 사용하는 말이다.

바둑은 '귀'에서 집을 만드는 게 유리하므로, 처음에는 으레 귀의 쟁탈전이 생기기 마련이다. 귀는 바둑판의 극히 한정된 일부분이므로, 거기서 일어나는 싸움은 몇 번이고 바둑을 두다 보면 비슷한 모양이 곧잘 나타난다. 그러므로 서로가 최선의 수를 가지고 싸운 수순을 하나의 '틀'로써 배워 두면, 일일이 생각하는 시간이 절약되어 편리할 것이다.

바둑에는 실력이 어느 정도인지를 정하는 기준으로서 '급'(級)이 있다. '1급'이라면, 전국에 수십만의 바둑 팬이 있다고 할 때 수천 명밖에 없을 것이다. 그런데 1급에서 '단'(段)으로 올라가려면, '마의 벽'처럼 넘기 어려운 장벽이 가로막는다. 이런 벽을 넘자면 정석을 반드시 알아야 한다.

애당초 정석은 수백 년의 역사를 통하여 '명인'(名人) 또는 '국수'(國手)라고 불리는 최고수들의 경험이나 연구를 거쳐 만들어진 틀이다. 초보자인 여러분은 거기까지 몰라도 된다고 하면 그만이지만, 모르는 것보다 아는 게 물론 좋다. 또 정석의 전문서도 수십 가지나 있으므로, 그런 것을 장차 배우려면 정석의 기본을 알아야 한다.

또한 정석은 하나의 공식으로서 수순을 암기하는 것인데, 이 책의 제1부 정석 코스에서는 그 방법보다는 오히려 수의 의미를 이해하도록 하기 바란다. 그래야 요컨대 더 빠른 실력 향상의 지름길이 될 수 있다.

제2부 맥점 코스는 바둑판 위에서는 잘 보이지 않는, 어떤 장면이나 모양의 내부에 숨겨져 있는 급소를 공부하는 과정으로서, 이런 맥점의 세계를 이해하고 나면 여러분은 깜짝 놀랄 만큼 바둑이 강해질 것이다.

　제3부 실전 코스에서는 숙달의 가장 좋은 방법인 실전과 그 자세한 해설을 덧붙였다. 역시 이 과정을 이해하고 나면, 바둑의 무궁무진(無窮無盡)한 깊이와 이치에 새삼 놀라게 될 것이다. 이 놀라움이 실력 향상에 도움이 됨은 물론이겠다.

　여기서 실력 향상의 가장 좋은 방법을 가르쳐 드리겠다.

　첫째는, 실제로 바둑을 자주 두어 보는 것이다. 이에 따라 바둑판에 나타나는 여러 가지 모양에 낯이 익는 일이 중요하다.

　둘째는, 방금 둔 바둑에 관해 상급자에게 어디가 잘못 되었는지 가르침을 받는 것이다. 나쁜 수는 자기 자신이 좀처럼 깨닫지를 못한다. 그러한 채로 있으면 버릇이 되어, 언제나 똑같은 '악수'(惡手)를 반복하게 된다. 악수를 고치고 '호수'(好手)를 자꾸 배우는 것이 숙달의 지름길이다.

　첫째 방법과 둘째 방법의 어느 쪽이 더 중요하다는 비교는 없다. 두 가지 방법을 모두 활용하는 것이 '왕초보 바둑 배우기'에 도움이 될 것이다.

차례

1

정석 코스

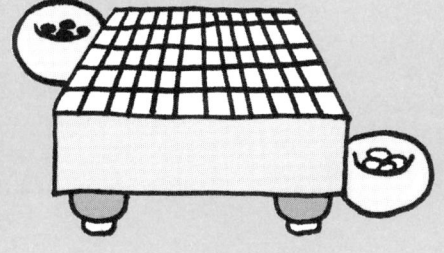

제 1 장

정석의 의미

바둑에서 '정석'(定石)이란 마땅히 두어야 할 필연적인 '수'(手)를 말한다. 정석을 이해하지 못하면 돌의 '사활'(死活)이 보장되지 않을 뿐 아니라, 바둑 기술의 향상 또한 기대할 수 없다.

예나 지금이나 바둑에서 공격과 수비하는 데 최선의 대책인 정석을 알지 못하면, 최종 승리는 결코 불가능하다.

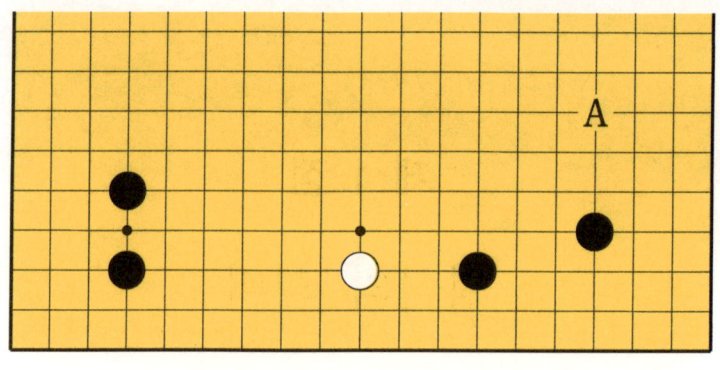

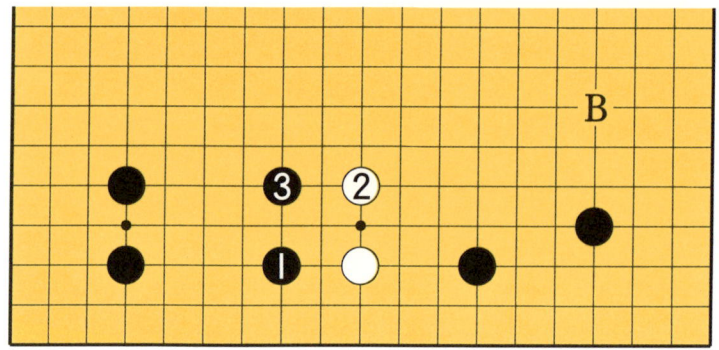

1. 돌의 안정

● 고립된 돌

바둑은 '집을 다투는 게임'이라고 배웠지만, 한 판의 바둑은 단순한 '집짓기'로 끝나지는 않는다. 포석 및 중반으로 진행됨에 따라, 상대편 돌을 잡거나 공격하거나 하면서 집을 늘리는 싸움이 많아진다.

(A) 백돌 한점이 고립되고 있는데, 흑은 어떻게 두어야 할까?

(B) 흑1로 이쪽부터 '협공'하는 게 좋은 수이고, 백2에는 흑3으로 공격한다. 백은 다만 달아날 뿐이지만, 흑은 1, 3에 의해 왼쪽 집의 뼈대가 커지고 있어 유리하다.

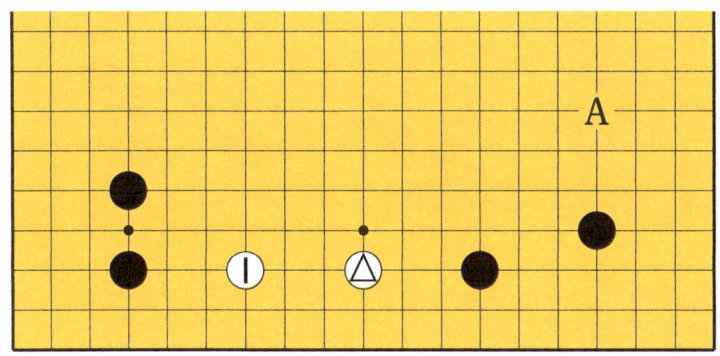

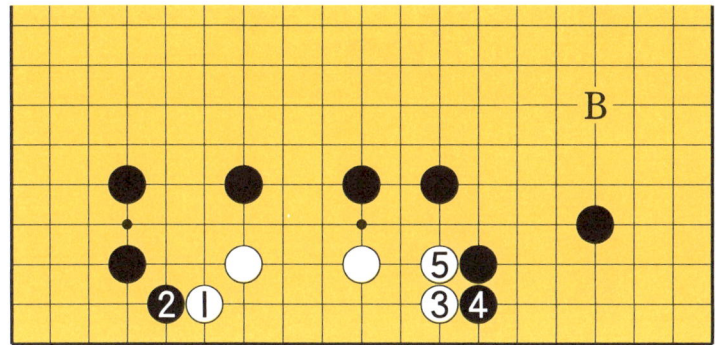

두칸 벌림

(A) 흑으로부터 공격받기 전에 무엇보다도 먼저 백은 1로 두어 놓는 게 중요하다.

이런 백△에서 백1로 두는 '두칸 벌림'이 변에서 고립된 돌을 안정시키는 기본 '포석'(布石)으로, 공격받을 염려가 훨씬 적어진다.

(B) 예컨대 흑으로부터 이렇게 포위되어도, 백은 1, 3, 5처럼 '집모양'을 만들기 쉽고, 따라서 삶도 간단하다.

이렇듯 상대편 돌수가 많아 공격받을 염려가 있을 때는, 공격받아도 걱정 없도록 돌을 빨리 안정시켜야 한다.

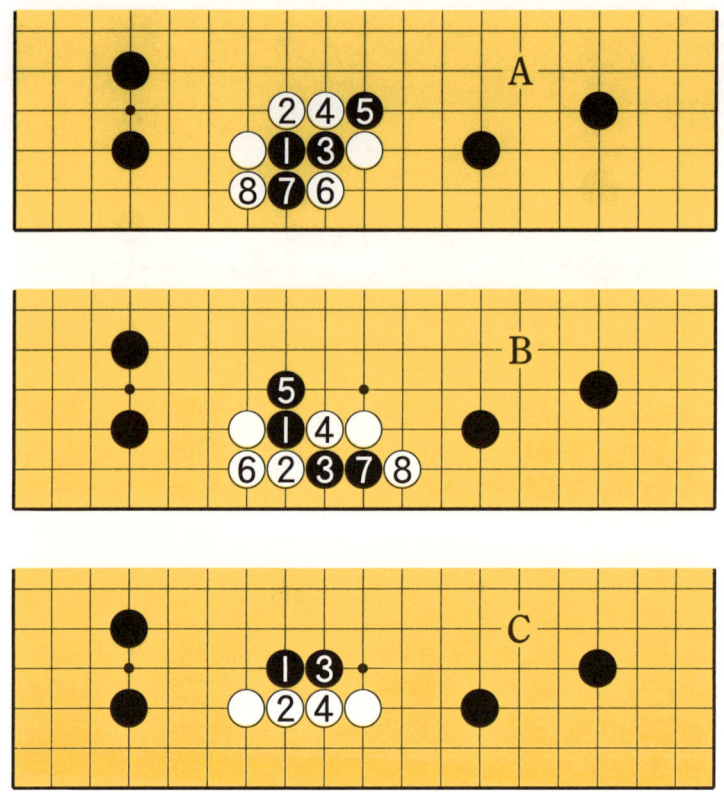

● 연결

상대로부터 공격받아 벌려 있는 돌끼리의 연결이 끊긴다면, 안정된 돌이라 할 수 없다.

이런 '두칸 벌림'의 돌은 어떨까?

(A) 흑이 1로 절단을 하려 한다. 백은 2, 4로 두어 걱정 없다. 그런데도 억지로 흑5로 끊어 오면, 백6으로 흑을 잡을 수 있다.

(B) 흑1에는 백2로 아래로부터 두어도 연결할 수 있다. 흑5에는 백6으로 잇고, 흑7로 달아나려 해도 백은 8로 흑을 잡게 된다.

(C) 흑이 1과 3이라면, 단순하게 백2와 4로 연결한다. 그러므로 '두칸 벌림'은 절단되지 않는 수임을 알아 두자.

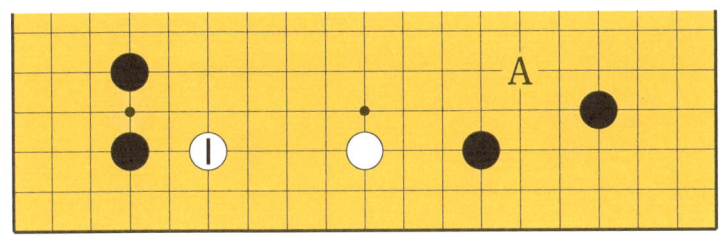

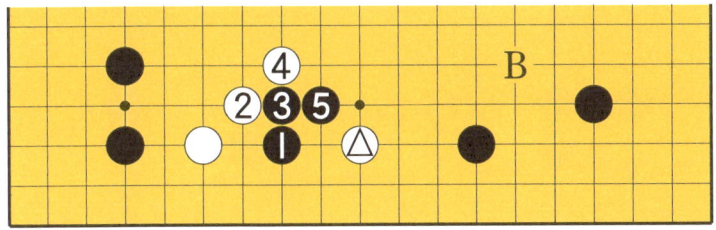

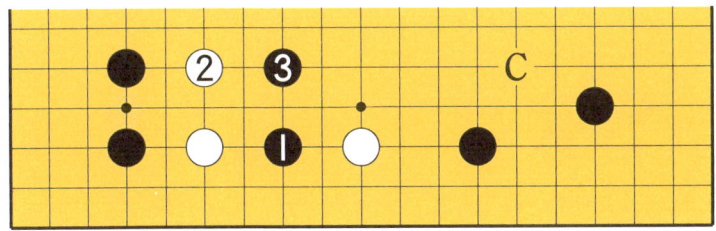

🟡 세칸 벌림

(A) 두칸 벌림을 하나 더 늘려 백1로 '세칸 벌림'을 하면 어떨까? 이번에는 흑에게 매서운 수가 있다.

(B) 흑은 복판에 흑1로 두어 백의 연결을 끊을 수 있다. 백2로 흑돌을 잡으러 가도, 흑3과 5로 오히려 △의 백돌이 위험해진다.

'벌림' 속에 들어가는 이런 흑1의 수를 '뛰어들기'라고 한다.

(C) 흑1에 백2로 '한칸 뜀'을 하여도 흑은 3으로 도망친다. 이렇게 되면 백은 양쪽의 돌이 따로따로 도망쳐야 하므로 몹시 괴로워진다.

이렇듯 보통 한 개의 돌에서 벌릴 경우는 두 칸이 적당하다고 기억하기 바란다.

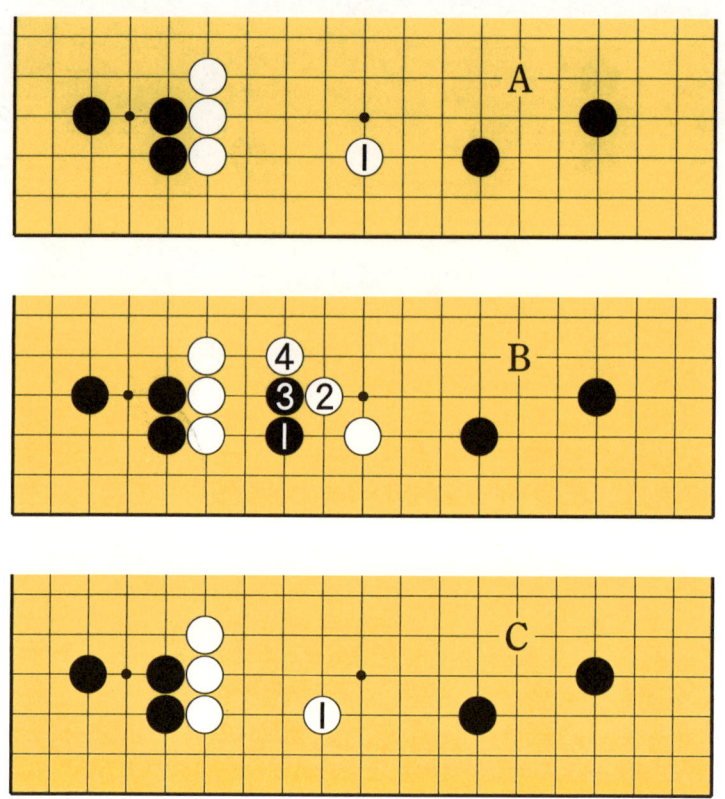

●세칸 벌림의 예

'벌림은 두 칸'이라 했지만, 언제나 '두칸 벌림'이 가장 좋다는 것은 아니다.

(A) 이렇듯 벌리는 기준 쪽의 '높이'가 클 때는, 백1로 세 칸으로 벌려도 걱정 없다. 이 수로 백돌은 충분히 안정되고 있는 셈이다.

(B) 흑이 1로 뛰어들어도, 백은 2와 4로 흑을 포위할 수가 있기 때문이다.

(C) 그림 A처럼 세 칸으로 벌릴 수가 있는데 사양하여 백1의 두 칸으로 둔다면, 그만큼 둘러막는 집이 작아져서 비능률적인 수가 된다.

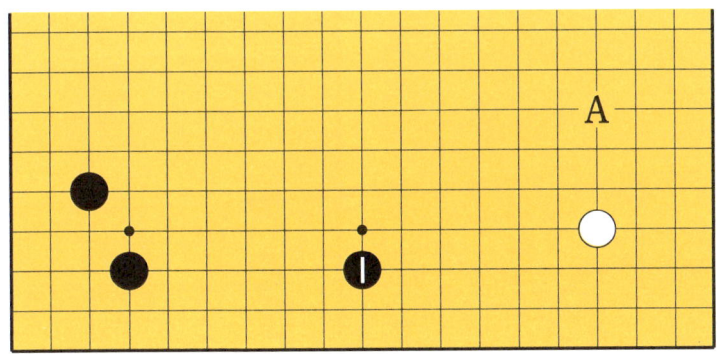

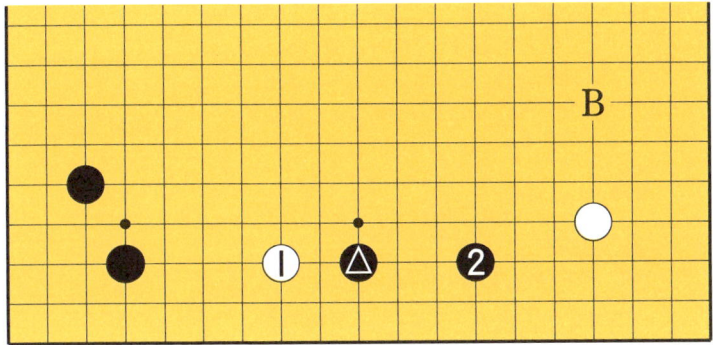

● 넓은 벌림

(A) 상급자들의 바둑에서 흑1로 두는 예를 흔히 보게 되는데, 이렇듯 크게 벌려도 괜찮을까? 이런 경우는, 왼쪽 강력한 한편의 '굳힘'이 있어 걱정할 필요가 없다.

(B) 백이 1로 뛰어들면 흑▲는 고립될 것 같지만, 흑2로 두칸 벌림하여 흑은 안정된 돌이 된다.

오히려 괴로운 것은 백쪽으로서, 백1의 돌이 고립되어 흑으로부터의 공격을 걱정해야 한다.

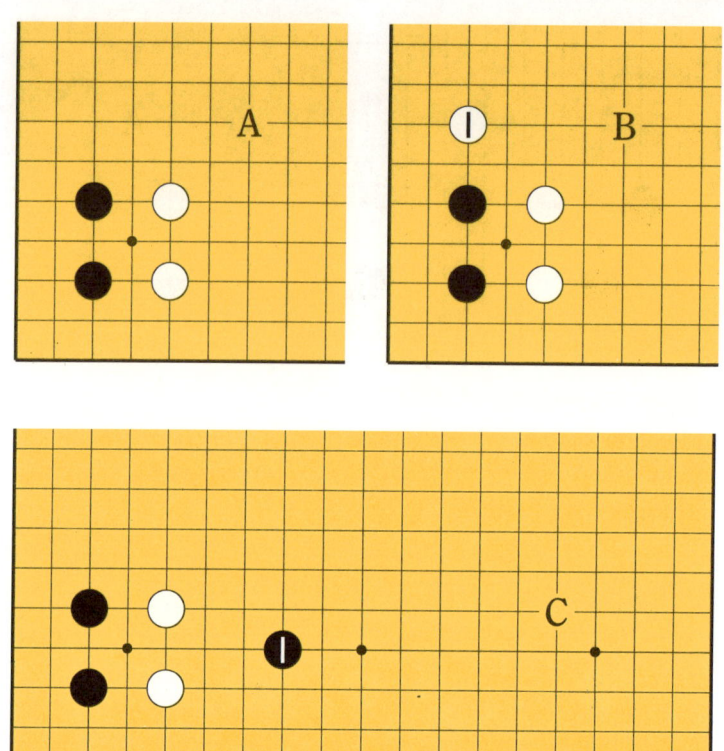

🟡 귀가 유리

(A) 흑은 귀로부터 변으로, 백은 변으로부터 중앙으로 '한칸 뜀'을 하고 있지만, 어느 쪽이 안정되어 있다고 할 수 있을까?

(B) 백이 1로 두어도, 흑은 귀에 확보되어 있는 집이 있기 때문에 그다지 불안한 느낌이 들지 않는다.

(C) 반대로 흑이 1에 두게 되면, 백은 집의 뼈대가 마련되어 있지 않아 그렇게 안심할 수는 없다.

집을 가지고 있다는 것은 눈을 가지는 것과 마찬가지이므로, 집을 가진 돌은 안정된 강한 돌이라고 하겠다. 돌의 강약이라는 점을 생각하면, 귀의 유리함을 잘 이해할 수 있을 것이다.

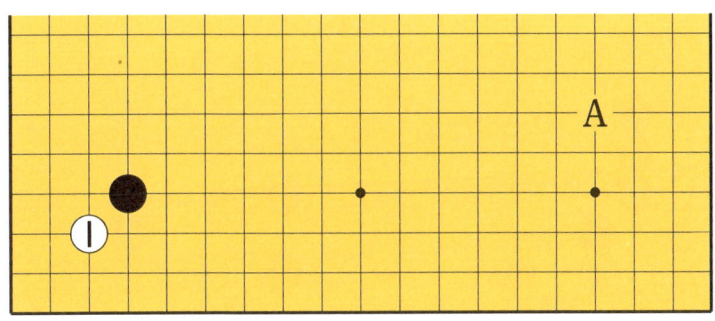

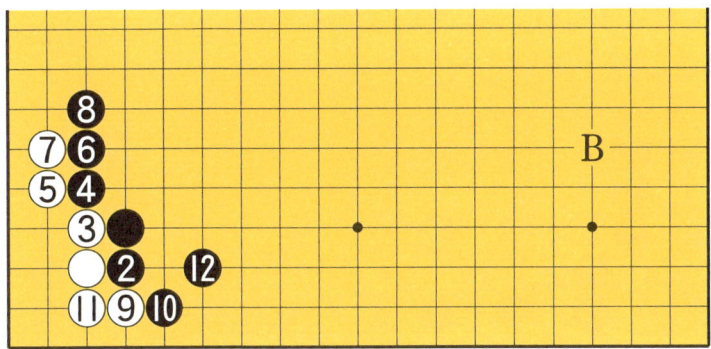

2. 집과 세력

● 세력

먼저 귀에 포석할 때, 보통 제1수를 '화점'(花點)에 두는 것이 무난한 수로 알려져 있다.

(A) 주의할 점은, 화점에 두었을 경우는 상대방이 어느 기회에 백 1로 '3·삼'에 들어올 우려가 있고, 그럴 경우 흑은 이 백돌을 잡지 못한다.

(B) 흑12까지가 백의 3·삼 침입을 허용한 뒤의 수순인데, 백은 이미 10집 정도의 집을 만들고 있으나, 흑에게는 집이 없다. 하지만 흑이 쌓은 벽은 장차 여러 가지로 득이 되는 가능성을 갖고 있음에 주목해야 한다. 이러한 흑의 모양을 '세력' 또는 '두터움'이라고 부른다.

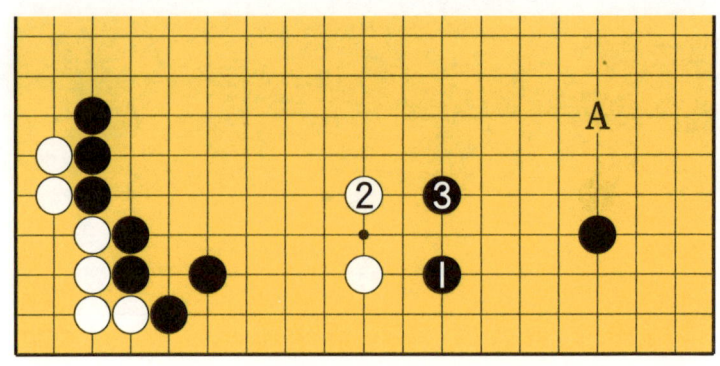

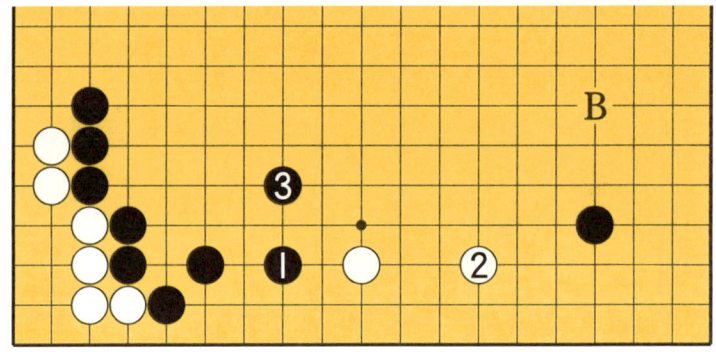

🟡 세력의 이용

'세력'은 잘 이용하면 집으로 이어지지만, 이용법을 모른다면 모처럼의 보물도 쓸모가 없다.

(A) 이런 장면이라면, 흑은 1로 공격하는 게 왼쪽의 세력을 잘 이용하는 포석이다. 흑3으로 백을 계속 공격하고 있는데, 어느 틈엔가 흑은 오른쪽에 집의 뼈대가 넓혀져 있다. 왼쪽 세력을 이용하여 백을 공격하면서 오른쪽에는 집이 생기는 셈이다.

(B) 흑1과 흑3은, 세력을 곧바로 집짓기에 활용하자는 의도이다. 그러나 돌수가 많은 셈치고는 집의 울타리가 작아서, 패기가 모자라는 작전이라고 하겠다. 더욱이 백2로 벌리도록 허용했으므로, 흑의 백에 대한 공격은 앞으로 기대할 수 없다.

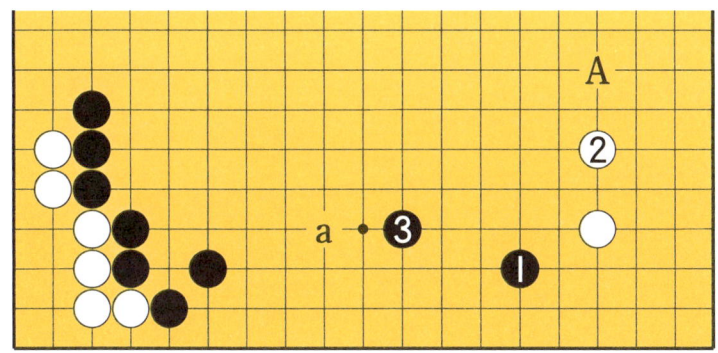

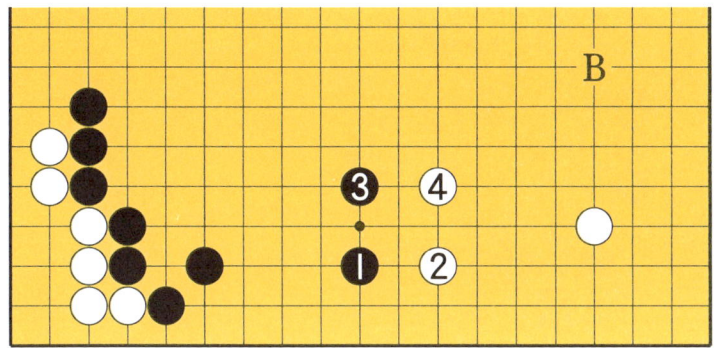

● 넓은 영토

세력을 직접 집의 뼈대로 삼을 경우는, 되도록 크게 집을 만들겠다는 생각이 좋다.

(A) 흑1, 3으로 두어서 하변에서 큰 집을 만든다. 백이 a 따위로 방해하려 뛰어들지 모르지만, 그렇다면 백을 공격하면서 우세한 세력을 다른 방면에 이용하면 되는 셈이다.

(B) 흑1, 3이라면 왼쪽은 거의 확실하게 집이 될 것 같지만, 역시 돌수에 비해 그리 대단한 집은 아니다. 백은 오른쪽의 화점에서 백2와 백4로 전개하여, 적은 돌수로 상당한 집의 뼈대를 만들고 있다. 비교하면 백쪽이 훨씬 능률적이다.

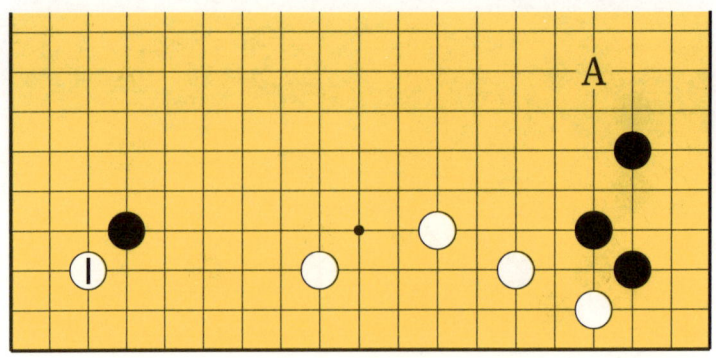

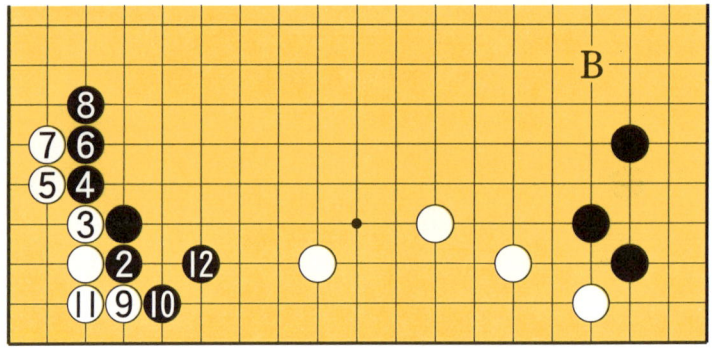

● 세력의 가치

(A) 하변에서 백은 상당히 튼튼한 집의 뼈대를 만들고 있는데, 이와 같은 장면에서 백1로 '3·삼'에 들어가면 어떨까?

(B) 앞에서 보았듯이, 흑2에서 12까지의 수순으로 두었다고 하자. 백은 역시 귀에서 10집 정도의 집이 확보되어 있다. 한편 흑은 큰 세력을 만들었지만, 이 모양을 이용하여 공격할 백돌도 없거니와 집을 만들 공간도 없다. 이것은 그림 A에서 백이 1로 들어간 타이밍이 좋았던 셈이다. 집은 어떤 경우라도 이익이 되지만, 세력은 주위의 상황이나 이용법에 따라 가치가 정해진다는 것을 알아 두기 바란다.

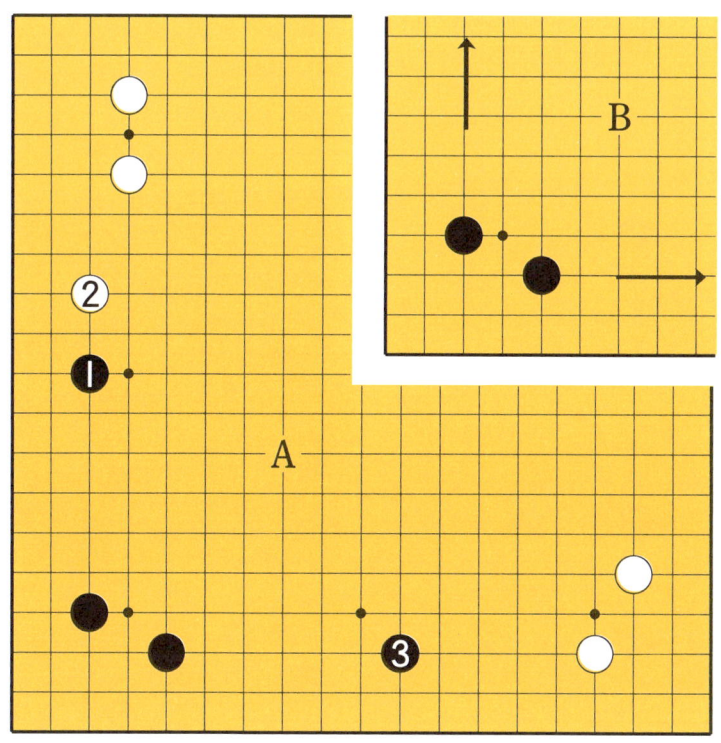

3. 귀의 싸움

●굳힘의 크기

(A) '굳힘'은 귀의 집을 확보할 뿐만 아니라, 바깥쪽을 향해서도 강한 힘을 발휘한다. 그림처럼 좌하귀 흑의 '날일자 굳힘'이 있으면, 귀의 집뿐 아니라 흑1과 흑3의 '벌림'에 의해 좌변, 하변에서의 집짓기에도 도움이 되므로, 이렇게 훌륭한 포석은 또다시 없다.

(B) 굳힘의 힘은 화살표 방향으로 나아가도록 항상 생각하기 바란다. 그렇게 이해할 수 있다면, 굳힘이란 귀 지키기의 이상형임을 더욱 잘 알 것이다.

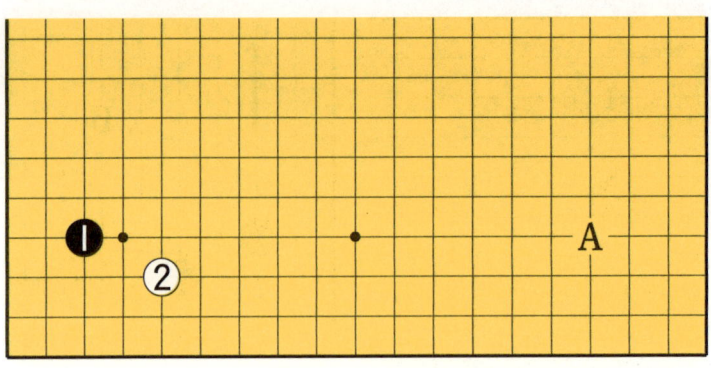

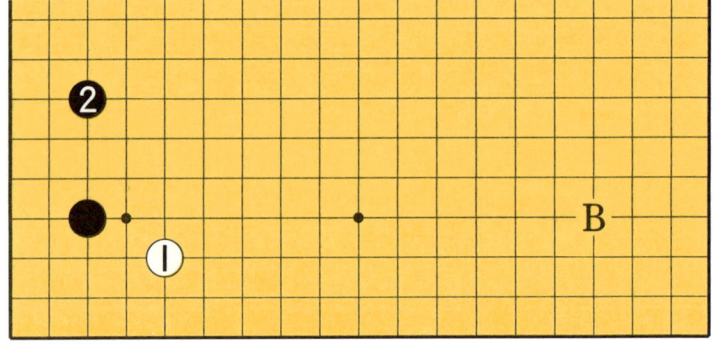

● 걸침

(A) 그렇다면 흑1일 때 흑에게 그런 이상형을 만들지 못하도록 백 2로 두면 어떻게 될까?

이미 배웠듯이, '귀'는 집을 에워싸는 데나 돌의 안정을 얻기 위해 서도 가장 유리한 곳이다. 이런 귀의 소유권 다툼이 곧 '정석'(定石)의 시작이라고 할 수 있다.

(B) 상대편의 굳힘을 방해하며 백1로 두는 수를 '걸침'이라고 한다. 흑은 처음에 '굳힘'을 두어 귀를 확보하려 생각했는데, 백의 걸침으로 방해받았으므로 다른 대책을 세워야 한다. 흑2로 벌려 먼저 자기 돌 을 안정시키는 것도 하나의 정석이다.

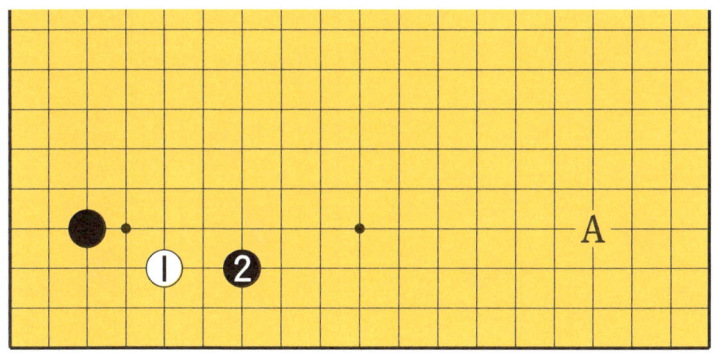

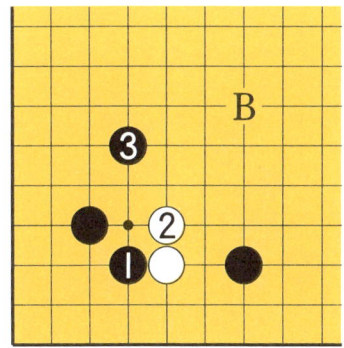

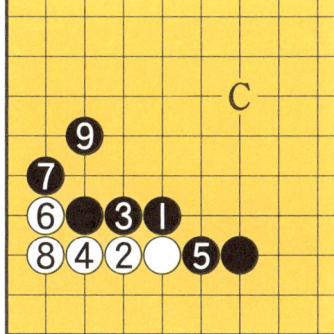

● **협공**

 (A) 백1로 걸쳐 온 백돌을 흑2로 '협공'하여 공격하는 것은 적극적인 좋은 구상이다.

 이 포석은, 백이 다음에 '손뺌'하여 다른 곳에 두면,

 (B) 흑은 1과 3으로 이 백돌을 공격하면서 좌변을 향하여 집을 만들어 가는 방법과,

 (C) 흑1부터 9까지로 중앙 쪽으로 크게 세력을 확보하는 방법의 두 가지 작전이 있지만,

 어느 방법이든 흑이 아주 유리해진다.

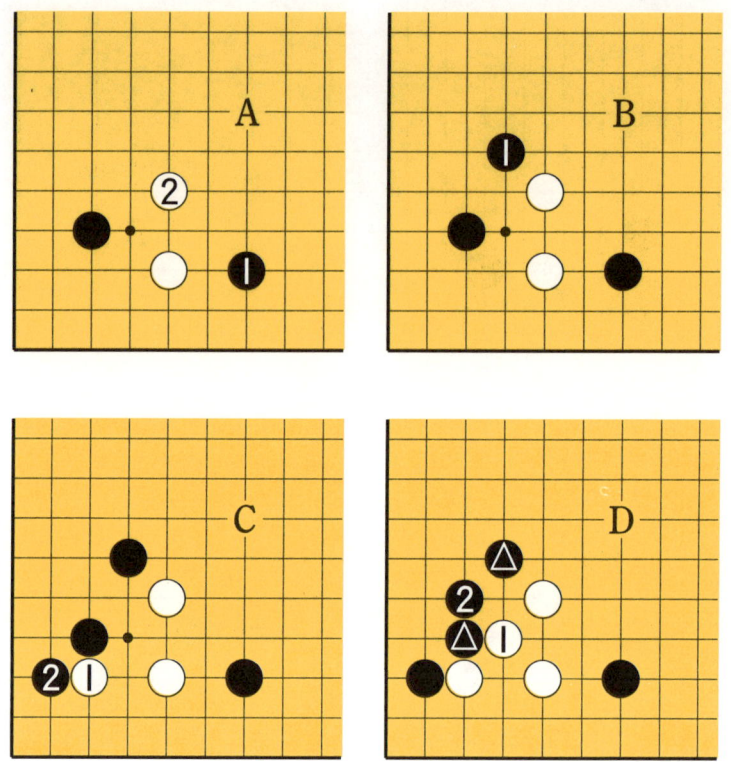

●귀의 공방

(A) 흑1의 협공에 백이 '손뺌'하여 앞 페이지처럼 되면 곤란하므로, 백은 2로 '한칸 뜀'하여 달아난다.

(B) 흑은 공격을 늦추지 않고 흑1로 계속 백을 공격한다. 이 그림은 백돌을 공격하면서 좌변을 집으로 만들겠다는 작전이다.

(C) 백으로서도 언제까지 공격만 받으면 손해이므로, 귀에 뿌리를 내려 안정하려고 백1에 두었지만, 흑도 당연히 2로 반격한다.

(D) 이어서 백1은 흑이 2를 두지 않으면 이곳에 백이 두어, 흑▲의 연결을 끊겠다는 뜻이다.

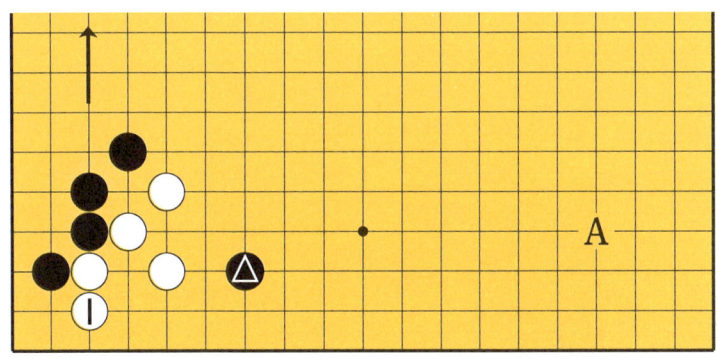

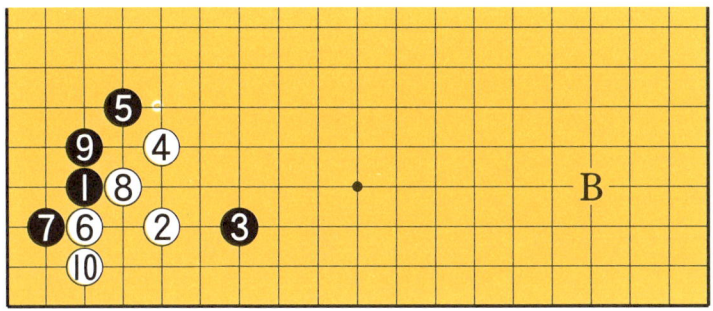

● 호각지세(互角之勢)

(A) 앞 페이지에 이어, 백은 1로 두어 거의 안정되었다. 여기서 흑과 백의 모양을 비교해 보자.

처음에 흑이 차지하려고 한 귀의 집을 백이 크게 삭감하고 있으므로, 백은 그런대로 목적을 달성하고 있다. 한편 흑은, 귀에서 확보하지 못한 집에 대해 이후에는 화살표 방향으로 벌려 개척하겠다는 태세이다. 흑▲ 한점이 눈에 거슬리지만, 흑이 이곳을 먼저 두면 곧 안정되고, 백이 먼저 두더라도 금방 잡을 수는 없다.

그래서 이 싸움의 결과는 '호각지세'라고 하여 서로 잘 어울린 모양으로 봐도 좋은 것이다.

(B) 그림 A의 모양이 되기까지의 수순이다. '정석'이란, 말하자면 이렇듯 귀의 싸움에서 일단락되기까지의 정해진 모양이다.

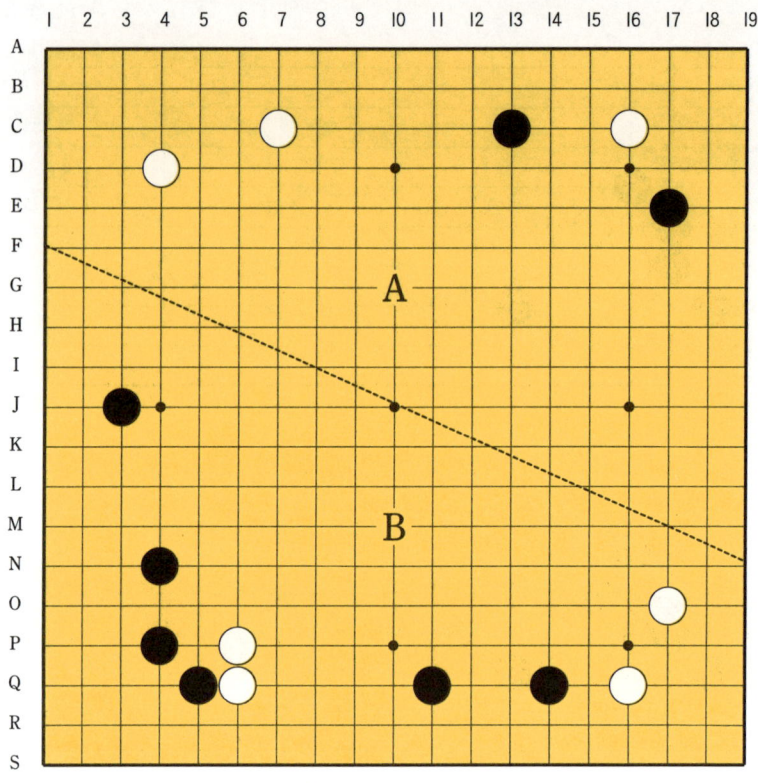

▦ 연습 문제

(A) 흑 차례이다. 다음의 한 수는 어디에 두어야 할까?

(B) 백 차례이다. 하변의 백이 아직 안정되어 있지 않는데, 다음의
한 수는 어디에 두어야 할까?

제 2 장

화점과 3·삼의 정석

'화점'은 '세력선'(勢力線)인 제4선의 교차점을 말하므로, 처음 화점을 두면 이곳으로부터 '집짓기'가 시작된다. 따라서 그 '정석'을 알아야만 견실한 집짓기로써 우위를 확보할 수 있게 마련이다.

'3·삼'은 '실리선'(實利線)인 제3선의 교차점을 말하므로, 처음 3·삼을 두면 이곳으로부터 집짓기가 시작된다. 역시 그 정석을 알아야 견실한 집짓기로써 우위를 확보할 수 있다.

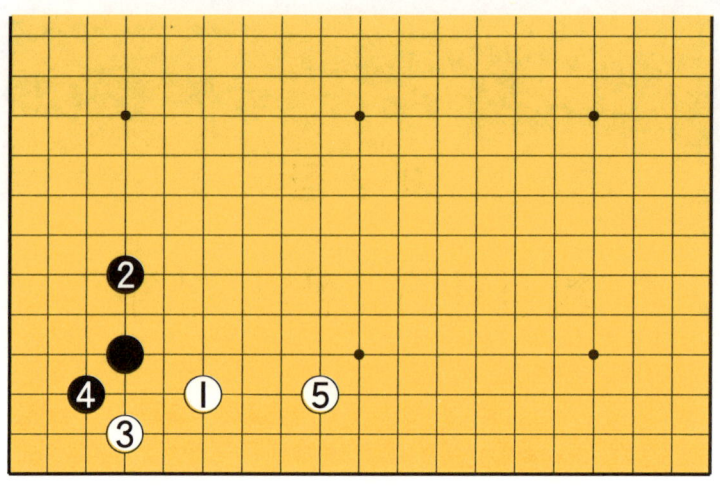

1. 화점

🟡 제1형

위의 그림처럼 가로 줄이 다 보이는 그림에 나타낸 모양을 '기본형'으로 삼을 것이다.

백1은 '날일자 걸침'이라 하며, 화점의 돌에 걸칠 때 가장 많이 사용된다. 흑2의 '한칸 뜀'에 백3으로 둔다. 백3과 흑4는 서로가 귀를 중시하고 있는 모습이다. 여기서 백5에 '두칸 벌림'하여 일단락된다. 흑

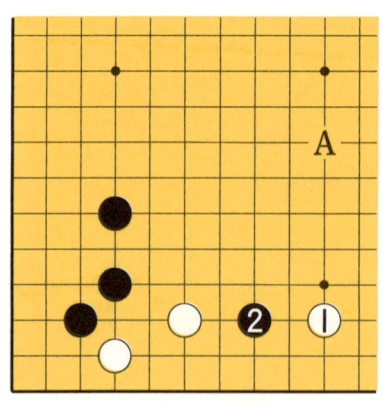

과 백 모두 불만이 없는 모양으로 '화점 정석'에서도 가장 기본적인 모양의 하나이다.

(A) 위의 그림에서 백5의 두칸 벌림을 이 그림의 백1처럼 세칸으로 벌리는 것은 좋지 않다. 흑이 2로 뛰어들면 백의 연결이 확실치 않아, 이후의 싸움은 백의 불리가 예상된다.

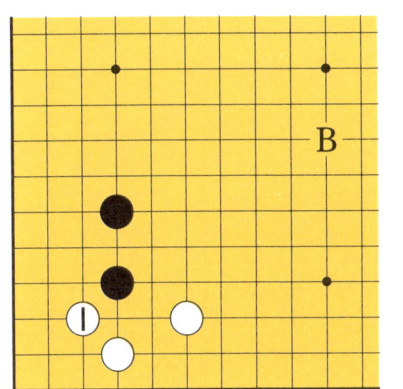

(B) 기본형의 흑4를 흑이 손빼고 다른 곳에 두면 좋지 않다.

백이 1로 두면, 백은 귀에 집을 확보하여 안정하는데, 흑 두 점은 집도 없어 백으로부터 공격받기 때문이다.

이 백1의 곳은 흑과 백 어느 쪽이 두어도 매우 좋은 '요소'임을 알 수 있다.

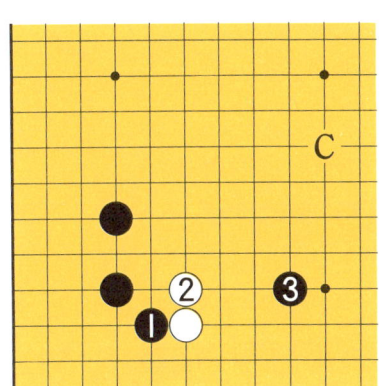

(C) 또한 기본형에서 백1과 흑2인 채 백이 내버려 두면, 흑은 이 그림의 1에 두어 백돌의 안정을 깨는 매서운 공격을 시도한다.

백이 2라면 흑3 등으로 협공하는 것이 요령이다. 물론 이 백을 잡을 수는 없지만, 공격하면서 이득을 본다는 게 중요한 작전이다.

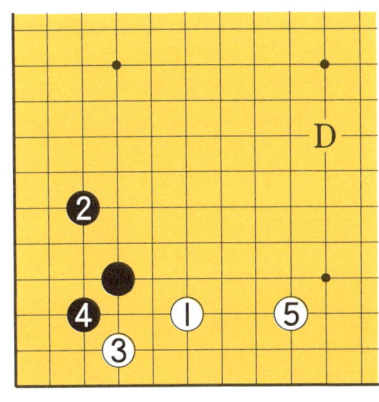

(D) 백1에 흑이 2로써 '날일자'로 받는 것도 가장 많이 쓰이는 정석이다.

백3, 흑4, 백5까지는 제1형과 같은 요령이다.

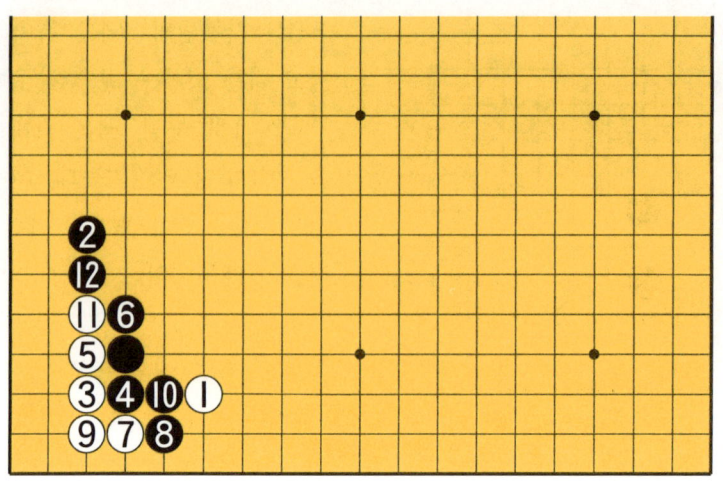

● 제2형

백1에, 흑이 2로써 '눈목자'로 받았을 때의 정석이다.

흑은 제1형보다 크게 집을 확보하려고 했고, 백은 그런 흑의 의도에 반발하여 '3·삼'에 들어간 모양이다.

흑은 모처럼 지킨 귀를 백에게 침입당했지만, 백에게 귀의 집을 뺏긴 손해를 흑12까지의 세력을 쌓음으로써 충분히 되찾았다고 생각해 주기 바란다.

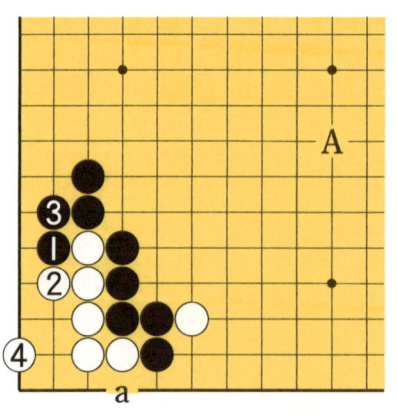

(A) 여기서 귀의 백은 이대로 살아 있음을 알아두자. 귀의 백이 살았음을 증명해 보자.

흑이 1과 3으로 백집을 압박하여 공격해 와도, 백은 4로써 살수가 있다. 이번에는 백4에 두지 않으면 흑a로 죽는다.

바둑판에 돌을 놓아 보며 연구해 보기 바란다.

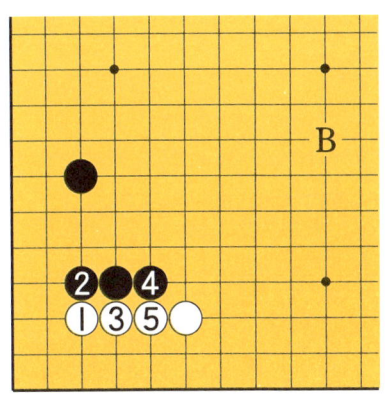

(B) 백이 1로써 3·삼에 들어왔을 때, 흑이 2로 위쪽을 누르는 것은 손해이다.

백은 3과 5로 연결하며 귀를 백집으로 만드는데, 흑은 귀를 뺏긴 데다가 그림 A와는 달리 세력도 별로 없기 때문이다.

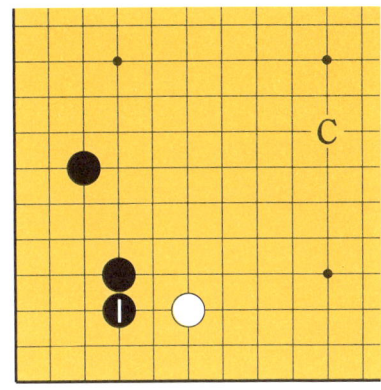

(C) 이 모양에서 백이 귀에 들어오지 않으면, 흑은 1로 두는 게 좋은 수이다.

흑1로써 귀의 집을 확보하면, 동시에 오른쪽의 백돌을 공격하는 태세가 준비된다.

이렇듯 자기 진영의 수비와 더불어 상대편의 공격을 겸한 수는 어느 경우라도 '호수(好手 : 좋은 수)가 된다.

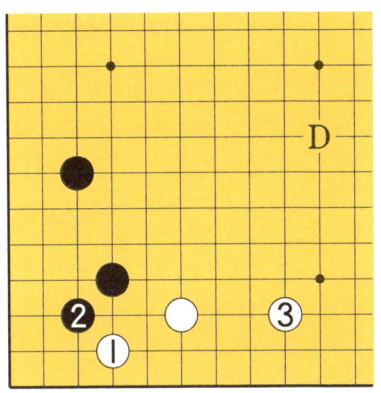

(D) 백이 3·삼에 들어가 흑에게 바깥 세력을 구축하는 기회를 만들어 주는 게 싫다면, 백은 1과 3으로 제1형과 같이 두는 것도 '정석'의 일종이다.

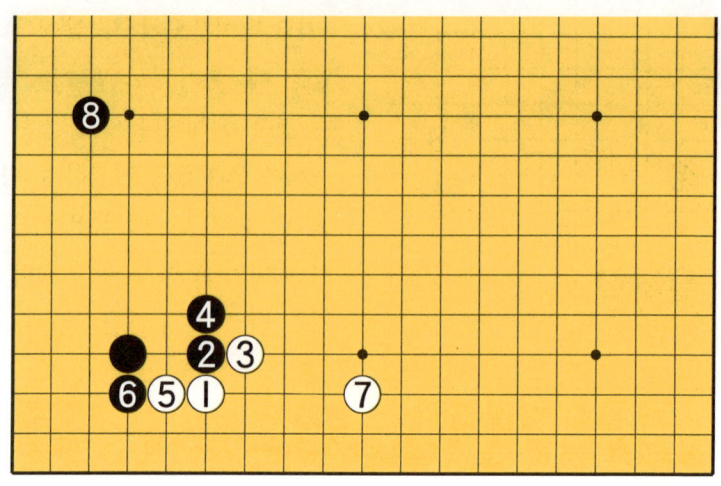

[기본형]

🟡 제3형

백1에 대해 흑2의 '붙임', 백3일 때 흑4로 '뻗는다'. 이런 모양을 '붙여뻗음 정석'이라고 부른다. 흑은 모양이 정해져 알기 쉽다는 이유로 특히 '접바둑'에서 곧잘 사용한다.

흑6일 때 백은 7에 벌려 안정을 꾀하고, 흑은 8로 크게 벌려 귀에서 생긴 세력을 이용한다.

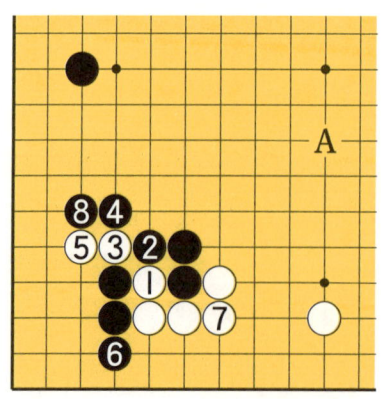

(A) 이 모양에서 백이 1과 3으로 끊어 오는 게 흑으로서는 가장 싫은 수인데, 흑4와 백5 이후에 흑6으로 '내려서고' 나서 흑8로 누르는 수만 알고 있다면, 나머지는 백이 어떻게 두든지 흑이 유리하다.

이런 다음의 수순은 반드시 연구해 보기 바란다.

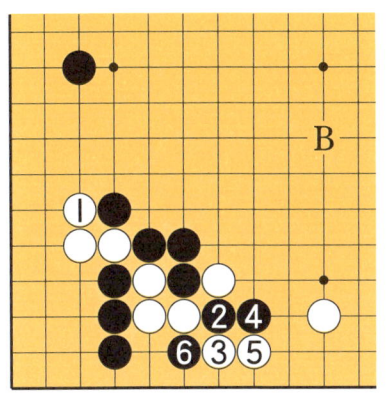

(B) 그림 A에서 흑6일 때 백이 7로 잇지 않고 이 그림의 백1로 두는 것은 무리이다.

흑은 2로 끊어 백 세점을 잡을 수 있다.

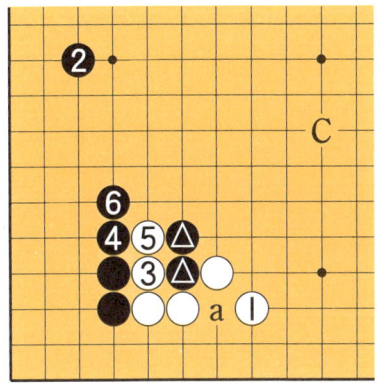

(C) 백이 기본형의 백7로써 이 그림의 백1에 두면 어떨까? 역시 흑은 2에 벌려도 좋다.

다만 이번에는 흑이 a로 끊는 여지가 없으므로, 백이 3으로 뚫고 나올 때는 흑4로 늘어 물러서지 않으면 안 된다.

백5에는 흑6으로써 ▲의 두 점을 버려도, 흑은 좌변이 고스란히 집이 되어 손해는 없다.

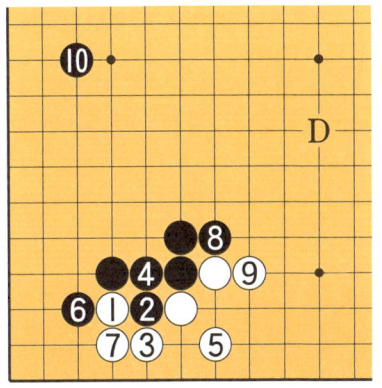

(D) 백은 기본형의 백5를 이 그림의 백1처럼 두는 '정석'도 있다. 흑은 2부터 8까지로 세력을 확장한 다음, 역시 흑10으로 벌린다.

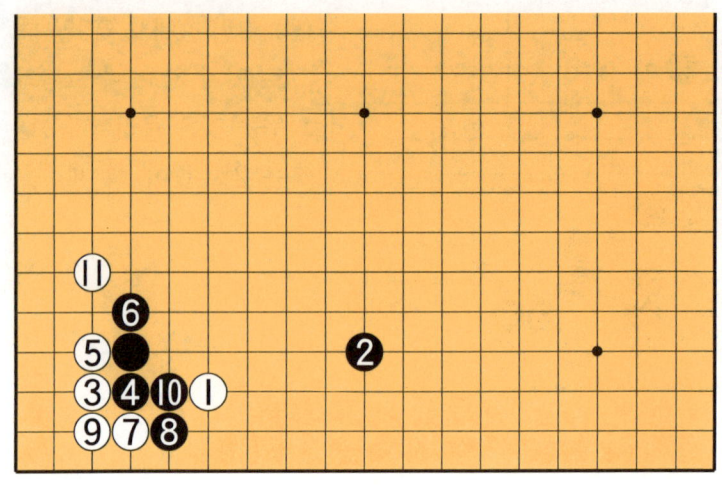

[기본형]

🟡 제4형

백1에 흑이 2로써 협공하는 '정석'이다.

흑이 협공한 것은, 백1의 돌을 공격하면서 이득을 보겠다는 생각이다. 이에 대해 백이 3으로 '3·삼'에 들어간 것은, 흑의 공격을 피하며 백1의 돌을 '버림돌'(사석)로 하여, 그 대신 귀에서 이득을 보겠다는 생각이다.

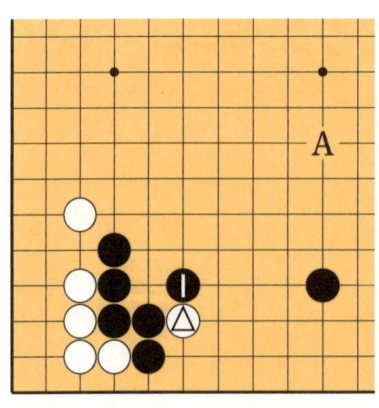

(A) 기본형의 그림으로 일단락되었지만, 다음 흑이 백△ 한 점의 활동이 염려된다면 흑1로 지켜 두는 게 견실하다.

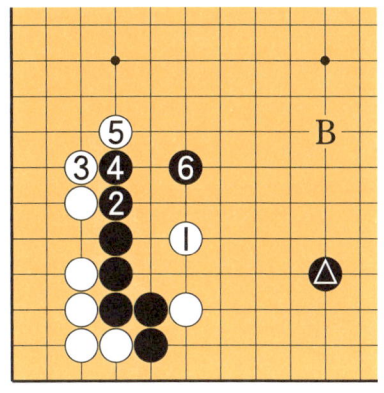

(B) 그림 A의 흑1로 지키지 않을 때는 백이 1 등으로 두는 수도 있지만, 이럴 경우 흑은 2, 4, 6 등으로 공격하는 것이 요령이다. 마침 ▲의 흑도 기다리고 있어 흑이 불리하지 않은 싸움이다.

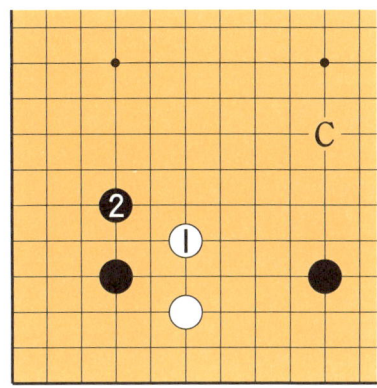

(C) 흑이 협공했을 때 백이 3・삼에 들어가지 않고 백1로 '한 칸 뜀'을 한다면, 흑은 2로 두어 이후 백으로서는 도망갈 뿐이다.

그러므로 이 결과는 협공한 흑의 작전에 백이 보기 좋게 걸려든 셈이다.

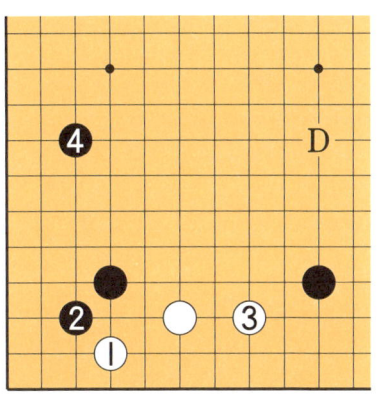

(D) 또한 백1과 3으로 두어 재빨리 안정하겠다는 것은, 생각은 좋지만 백3의 벌림이 좁아 약간 소극적인 모습이다.

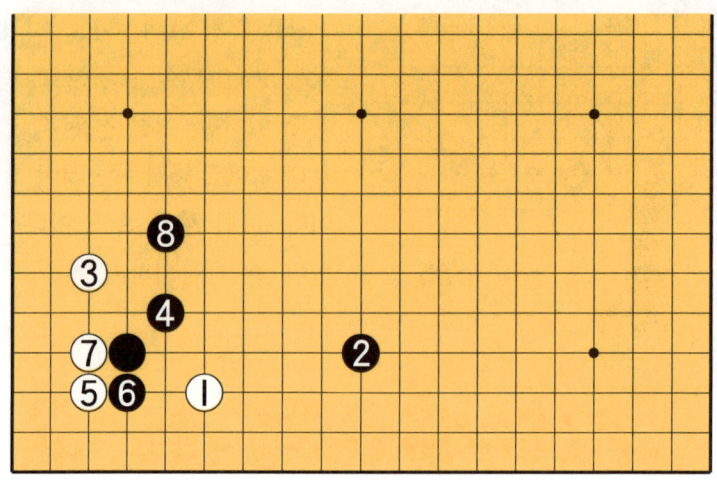

[기본형]

제5형

백1과 흑2일 때, 백이 오히려 3으로 협공했을 경우의 '정석'이다.

백1에 대해 흑2를 '손뺌'했을 때도 백3으로 협공하는 수가 있지만, 이런 백1과 백3처럼 양쪽에서 걸치는 수를 '양걸침'이라고 부른다.

양걸침하였을 때는 포위되지 않기 위해 흑4로 중앙에 '마늘모 연결'하는 게 한 가지 좋은 방법이다. 다음에 백5로 '3·삼'에 들어왔을 때, 흑6으로 누르면서 백1의 돌을 공격하는 작전이다.

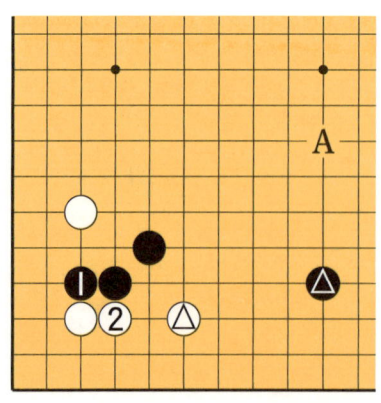

(A) 흑은 백△를 공격할 목적으로 흑△에 협공한 것이므로, 기본형과 달리 흑1로 붙여 눌러 백2로 연결된다면, 백을 더 이상 공격할 수 없어 본래의 의도와는 모순된다.

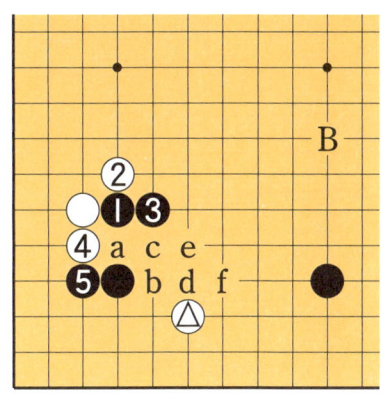

(B) '양걸침'에 흑1로 붙이는 모양도 '정석'이다.

백4와 흑5의 다음에 백이 a로 나오면 흑b, 백c, 흑d, 백e, 흑f의 수순으로 두어 하변을 집으로 만들면 흑의 만족이다.

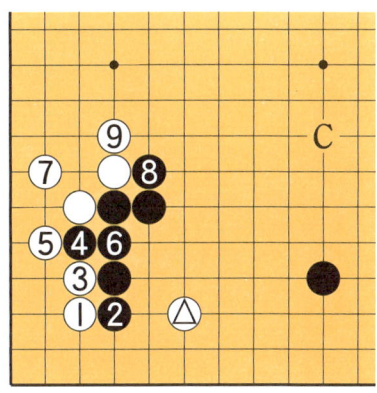

(C) 그림 B의 백4로써 백1로 3·삼에 들어왔을 때는 역시 흑2로 누르고, 백3에는 흑4, 6, 8로 어디까지나 백△의 한 점을 크게 삼켜 버리겠다는 구상이다.

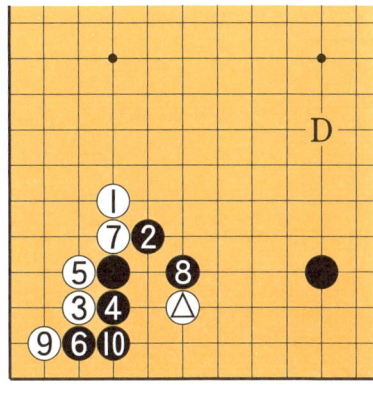

(D) 백1로 한쪽을 높게 걸쳐 왔을 때도, 흑2의 '마늘모 연결'이 좋은 방법이다.

백3에는 역시 흑4로 누르는 게 중요하며, 이하 흑10까지로 백△가 죽을 운명이다.

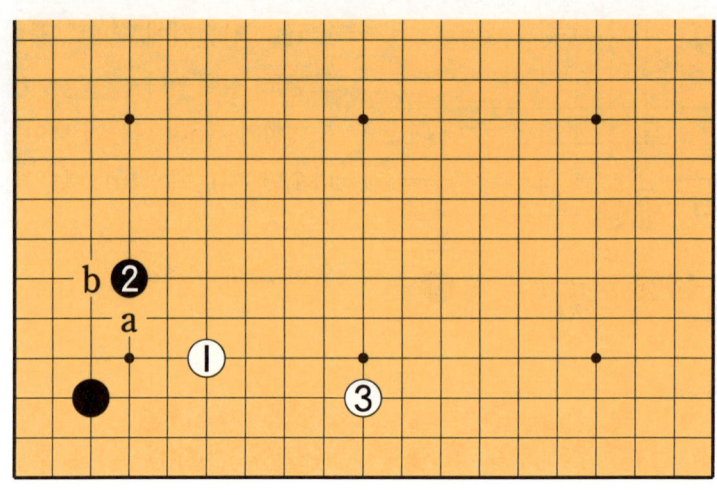

[기본형]

2. 3·삼

● 제1형

'3·삼'의 위치는 '화점'과 비슷하지만, 성질은 화점과 상당히 대조적이다. 화점 포석은 상대가 3·삼에 침입하는 일이 많고, 그럴 경우는 세력을 차지하여 맞서게 된다. 3·삼은 그 반대로서, 귀의 집은 견고하지만 세력을 펼 여지가 적어진다.

흑이 '선수'(先手)로 3·삼을 선점할 경우, 백은 귀의 집에는 너무

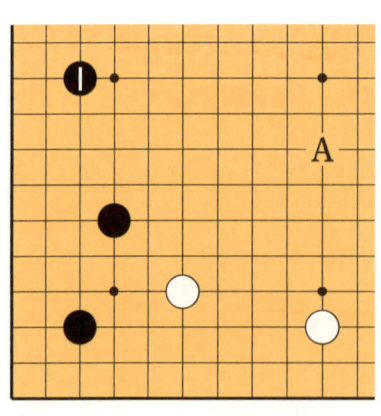

욕심을 내지 말고 백1로써 흑의 세력 발전을 방해하는 정도면 된다. 백3까지로 일단락되었는데, 흑2로는 a 또는 b에 두는 방법도 있다.

(A) 기본형의 포석이 끝난 다음에, 흑이 1로 벌리는 수는 물론 좋다.

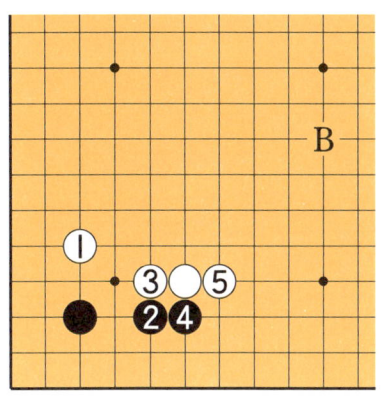

(B) 백의 '걸침'에 흑이 손빼면, 백으로부터 1, 3, 5라는 공격을 각오해야 한다.

백은 이런 식으로 흑을 귀에 가두고, 동시에 큰 세력을 갖는 셈이다.

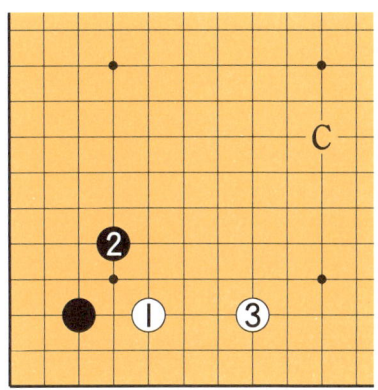

(C) 백1과 3도 생각되지만, 이 결과는 귀의 요소를 흑이 차지하고 있으므로, 집을 차지하는 경쟁에서 백은 흑에게 대항하지 못한다.

따라서 기본형의 백1과 3처럼 좀 더 변으로의 전개에 중점을 두는 것이 일반적이다.

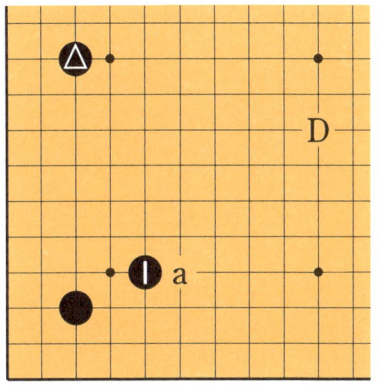

(D) 3·삼의 돌에 백이 걸치지 않는다면, 흑1 또는 흑a에 두는 게 좋고 흑⚠가 놓여 있다면 더욱 강력해진다.

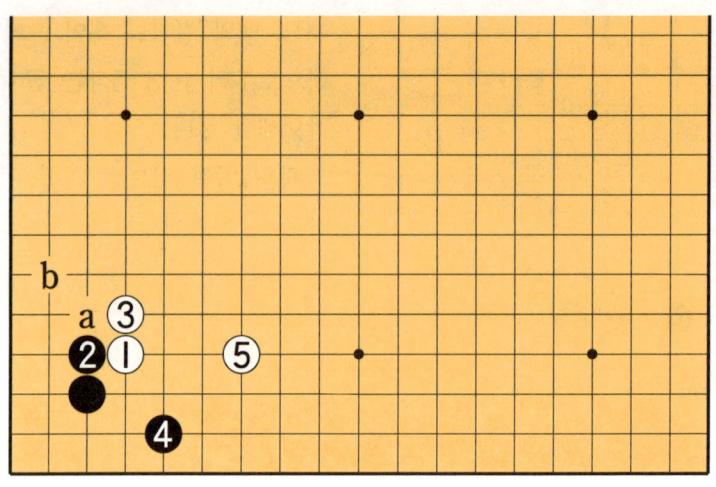

[기본형]

제2형

　백1은 '3·삼'의 흑돌을 아예 화점에서 씌워서 세력을 확보하는 정석이다.

　흑은 2로 밀고, 백3일 때 흑4로 귀를 확보하게 되는데, 세력 확보로서 백은 5로 두어 일단락된다.

　이런 후에 백a로 누르는 게 좋은 수라서, 그 전에 흑이 b에 '날일자'로 두는 것도 '호수'가 되는 셈이다.

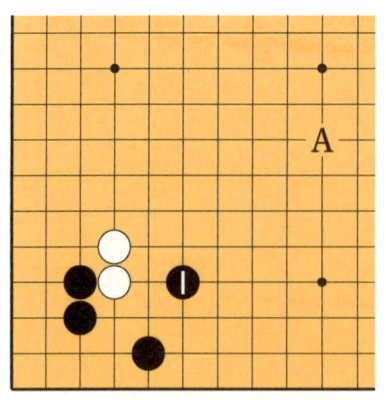

　(A) 기본형에서 백이 5를 두지 않게 되면, 흑이 1의 날일자로 전개한다.

　이 흑1로써 흑은 세력을 되찾고, 백 두점은 허둥지둥 달아나게 된다.

　흑1의 곳이 '요소'임을 놓쳐서는 안 된다.

연습 문제

위의 그림과 같은 초반의 국면에서 백1과 흑2의 '포석' 다음에, 백은 이곳을 '손뺌'하여 상변에서 백3으로 두었다.

흑이 하변의 백 두점을 공격하려면 어떻게 두어야 할까? 결정적인 한 수만 지적해 보기 바란다.

▦ 연습 문제

위의 그림과 같은 초반의 국면에서 우상귀의 백이 1로 둔 경우이다. 흑은 귀를 지키는 데 신경을 써야 한다.

백의 공격에 대해서 흑은 다음에 어떻게 응수하면 좋을까? 결정적인 한 수만 지적해 보기 바란다.

제 3 장

소목의 정석

'소목'(小目)은 세력선과 실리선인 제4선과 제3선의 교차점을 말한다. 이 소목은 세력과 실리를 공유할 수 있는 요점이므로, 흔히 초보자들은 마땅히 두어야 할 '정석'으로서 소목을 이해해야 한다.

보통 '포석'의 단계에서 두어지는 '소목 정석'을 확실히 알아야, 이를 바탕으로 중반 이후의 대국을 쉽게 이끌어 나아갈 수 있다.

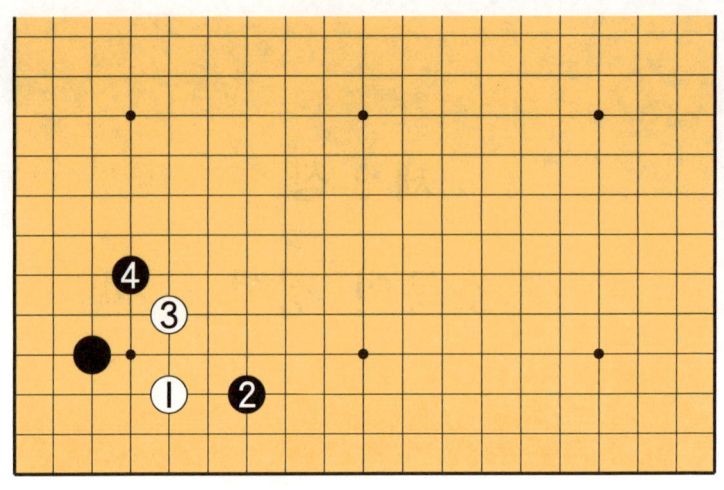

1. 소목(小目)

제1형

소목의 돌에 백1로써 '날일자'로 걸쳤을 때, 흑2로 '한칸 협공'하는 것은 적극적인 포석이다.

백은 봉쇄되지 않기 위해서 먼저 백3으로 뛰고, 흑은 4로 공격하면서 집을 만들려고 한다.

이런 다음 백의 포석법은 몇 가지 있고, 여러 가지 '정석'이 나오게 된다.

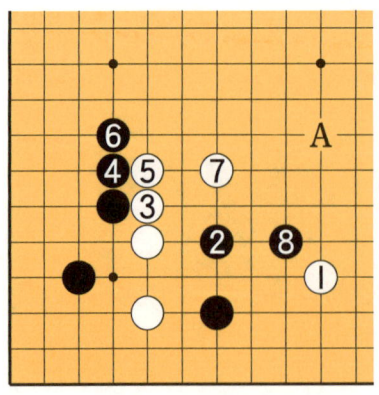

(A) 이어서 협공한 흑돌을 백1로 오히려 되협공하는 것도 하나의 작전이다.

흑2라면 백3과 5로 세력을 키운 다음, 백7로써 공격하는 요령이다.

이러면 이미 정석을 벗어난 싸움이 되기에 이른다.

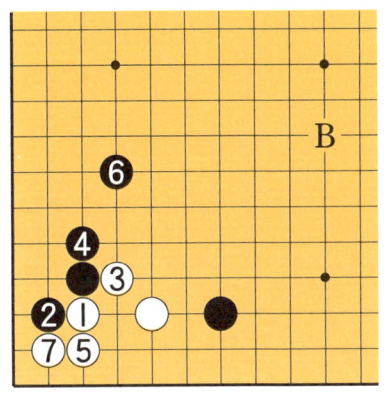

(B) 흑이 협공했을 때 곧바로 백1과 3으로 붙여 가는 것은, 귀를 이용하여 빨리 '눈모양'을 만들어서 흑의 공격을 피하려는 의도이다.

흑4와 6의 다음에 백7로 두어 놓는 게 중요한 수로서, 여기까지가 정석으로 되어 있다.

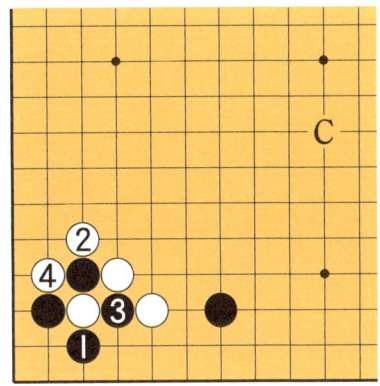

(C) 그림 B의 흑4로써 흑1로 '단수'하는 수도 있다. 백은 단수된 돌은 버리고, 백2로 세력을 만드는 게 요령이다.

흑이 흑3으로 따내면, 백은 다시 4로 단수한다.

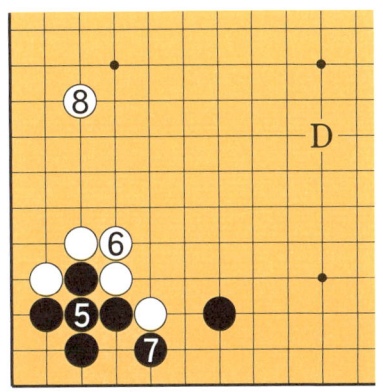

(D) 이어서 흑5에는 백6으로 잇고, 흑7로 흑이 연결했을 때 백은 8로 벌려 근거를 만든다.

그림 B와 그림 D를 비교해 보면, 흑백의 분포 상태가 완전히 거꾸로 되어 있음을 알 수 있다. 정석은 이처럼 상대의 응수에 따라 변화가 이루어지게 마련이다.

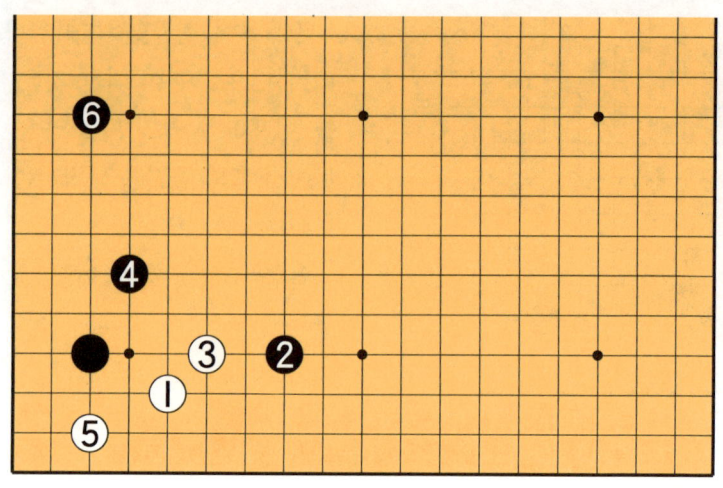

[기본형]

🟠 제2형

흑이 2로써 높게 두 칸으로 협공했다. 이제부터 생기는 게 '두칸 높은 협공'의 정석이다.

제1형의 '한칸 협공'만큼 다급한 싸움은 벌어지지 않지만, 협공하여 공격한다는 흑의 작전은 마찬가지이다.

백은 3으로 봉쇄를 피하고 나서 백5로써 열려진 귀에 들어가고, 흑은 4부터 6으로 변에 넓게 벌려 일단락하는 정석이다.

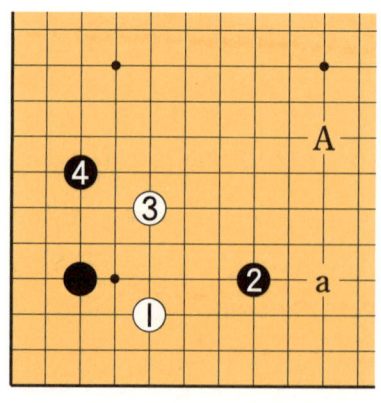

(A) 백1과 흑2일 때, 백이 3으로 '두칸 뜀'하여 발 빠르게 중앙으로 진출하는 것도 정석이다.

흑도 4로 변을 지키고서 일단락하지만, 이런 다음에 백은 a쪽에서 흑2를 협공하는 게 효과적인 작전이다.

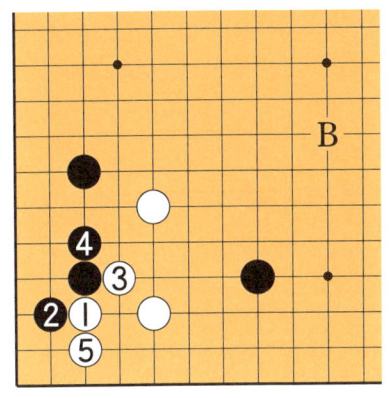

(B) 그림 A의 다음에 백은 여차하면 백1로 귀에 파고들고, 백5까지로 안정시키는 수단이 있다. 이와 같은 백1과 3의 방법을 잘 기억해 두기 바란다.

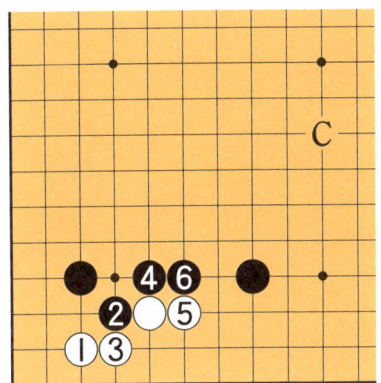

(C) 흑에게 협공되었을 때, 당황하여 백1로써 급히 귀에서 안정을 구하러 들어가는 것은 좋지 않다.

백은 확실히 안정은 되지만, 흑6까지 되면 흑의 세력이 훨씬 유리하다는 점을 알기 바란다. 지금 자세히 모르더라도, 하나씩 알아가다 보면 세력의 가치를 이해하게 될 것이다.

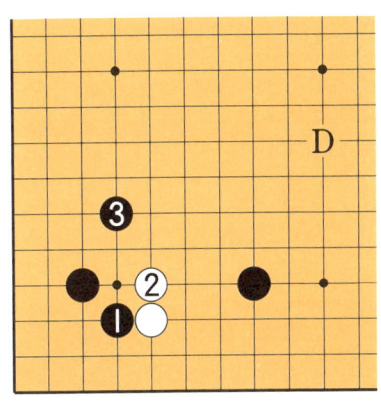

(D) 흑에게 협공되었을 때, 백이 '손뺌'하는 것은 매우 나쁜 결과를 가져온다.

흑1과 3으로 흑이 공격하면, 백은 가까스로 달아나는 것만도 다행일 것이다. 이 사이 흑은 실리와 세력 모두 차지할 것이 예상된다.

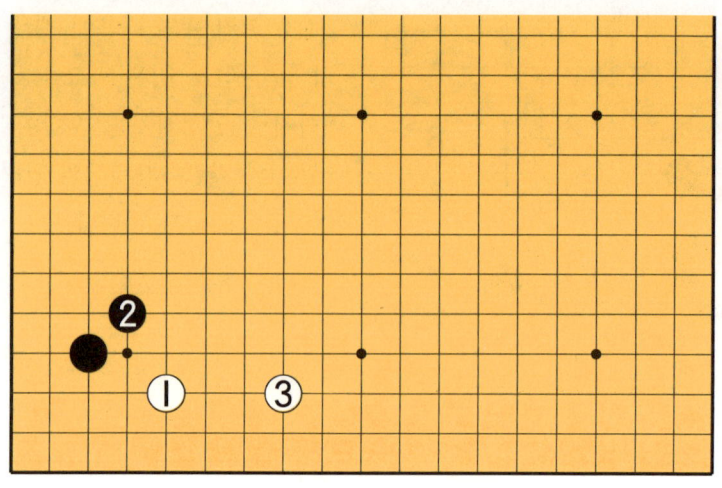

[기본형]

🟠 제3형

백돌 1에 대한 흑2의 '마늘모 행마'는 착실한 응수이다.

이런 흑2의 수는 흑돌끼리 너무 붙어 있어 활동이 적은 것처럼 보이지만, 백이 귀에 작용하는 힘을 방어하고 있으며, 기회를 보아 백1의 돌을 공격하는 등, 여러 가지의 의미를 갖게 된다.

이에 대한 백3의 '두칸 벌림'도 착실하다. 이 수를 그림 A처럼,

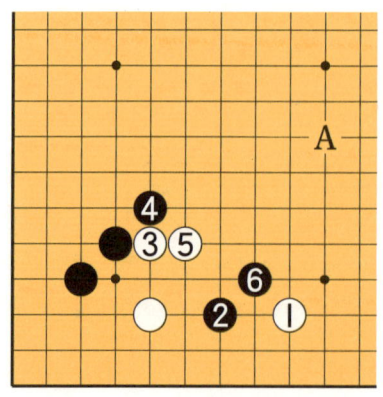

(A) 백1로 '세칸 벌림'하는 수도 정석이다.

흑2로 뛰어들면 문제가 생기지만, 이 수에는 백3과 5로 싸우는 대책이 있다.

그리고 흑6부터 시작되는 싸움은 이미 정석의 범위를 벗어난다. 일단 여기까지만 알아두자.

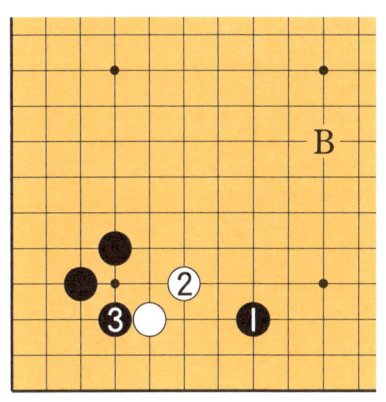

(B) 만일 백이 '손뺌'하면 흑은 어떻게 공격할까?

역시 흑1의 협공이 대단히 좋은 수이다.

백2에는 흑3으로 귀를 굳히는 것이 요령이다.

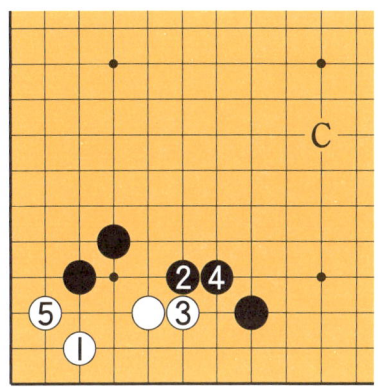

(C) 그림 B의 백2를 이 그림의 백1로 귀에 먼저 두면, 흑은 2와 4로 백을 귀에 가두고 세력을 쌓으면 된다.

그림 B와 그림 C처럼 공격할 경우는 상대편의 움직임에 따라, 어디까지나 공격을 계속할 것인가 아니면 살려 주고 세력을 쌓을 것인가 등의 적절한 판단을 내리는 게 중요하다.

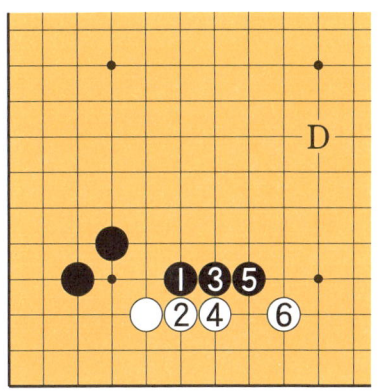

(D) 공격은 협공이 대체로 효과적이지만, 흑은 1과 3처럼 백을 변에 밀어붙이고 세력을 만드는 방법도 있을 것이다.

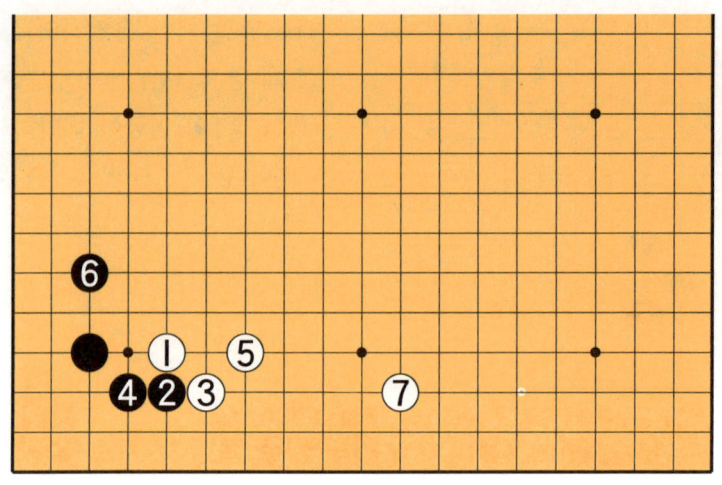

[기본형]

🟠 제4형

위의 기본형과 같이 소목의 흑돌에 백1로 높게 걸치는 것을 '한칸 높은 걸침'이라고 한다.

흑이 2로써 '밑붙임'한 것은, 귀의 집을 차지하려는 목적에서이다. 흑은 6까지로 견고하게 귀를 확보하고, 백은 7까지로 변에 '집모양'을 만든다.

이 정석에서는 흑2의 '붙임'과 백7의 '벌림'이 배워야 할 '호수'(好手)이다.

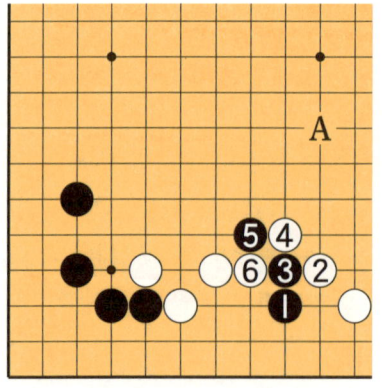

(A) 이 정석의 모양에서, 흑이 1로 뛰어들어도, 백은 2와 4로 흑돌을 잡으러 갈 수가 있다.

흑5에는 백6으로 끊어, 흑돌 1과 3의 두 점이 도저히 살 수 없음을 확인하기 바란다.

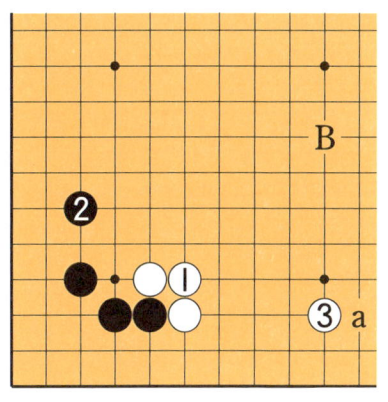

(B) 기본형의 백5를 이 그림처럼 백1로 튼튼하게 잇는 정석도 있다.

이럴 경우는 백3의 '세칸 벌림'이 옳고, a는 지나친 벌림이 되므로 주의하기 바란다.

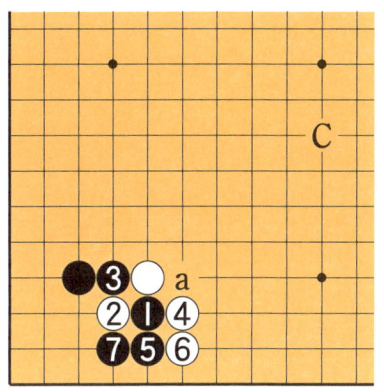

(C) 귀를 차지하려는 최초의 흑1 붙임은, 소목에 있는 흑돌과의 연계 작전이다.

이 수에 대해 백2로 절단하려 하면 무리이다. 흑3으로 끊긴다면 어쩔 도리가 없이 백은 좋은 결과를 기대할 수 없다.

백4와 6으로 버텨도 흑7로써 귀를 뺏기고, a로 끊기는 약점도 있으므로 백의 불리는 분명하다.

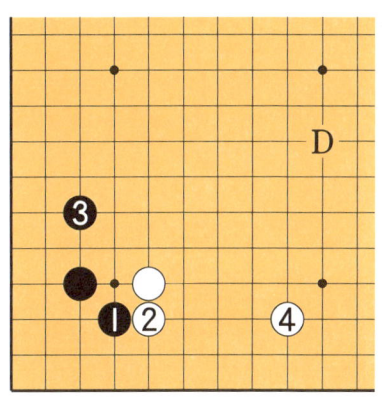

(D) 귀의 집을 차지하는 데 흑 1과 3이라도 걱정없는 진행이지만, 그림 B에 비해 흑집은 조금 작다.

그러므로 귀를 가장 효율적으로 넓히는 그림 C의 흑1로 붙이는 수를 잘 기억해 주기 바란다.

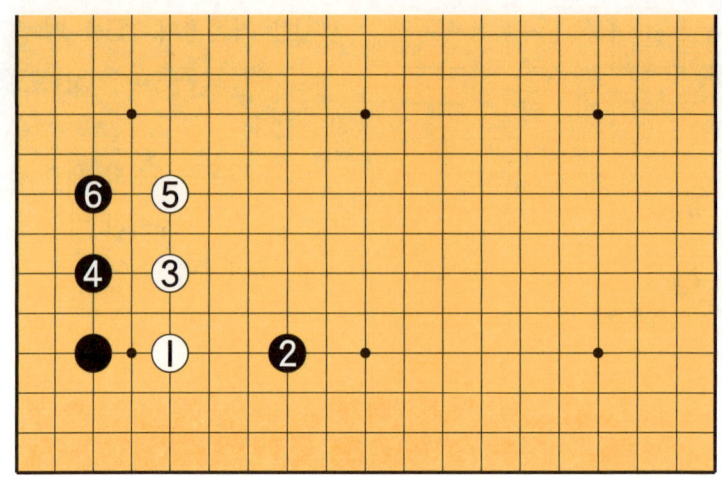

[기본형]

🟠 제5형

백이 흑의 소목에 대해 백1로 높게 걸쳤을 때도, 흑2의 협공은 물론 대단히 효과적이다. 다만 백은 걸침이 높기 때문에, 백3과 5의 '한 칸 뜀'으로 쉽게 도망칠 수 있다. 이때 흑은 4와 6으로 집을 만들어 놓는 것이 요령이다. 이런 다음의 진행은, 백이 우측에서 흑2의 돌을 협공하는 작전이 생각되며 그렇게 두는 것이 일반적이다.

(A) 기본형과의 비교인데, 백의 '날일자 걸침'의 경우에 백1의 '한

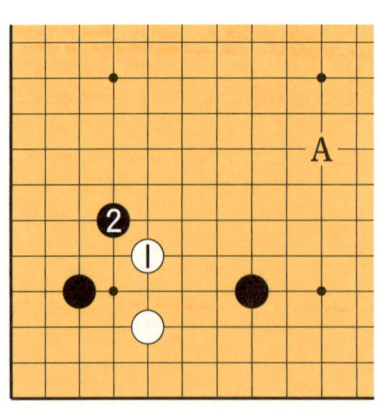

칸 뜀'은 흑2의 '날일자 행마'가 백의 달아나는 길을 막는 모양이 되어, 흑2의 응수가 백을 공격하는 데 안성맞춤의 느낌이 든다. 그러므로 이런 모양(날일자 걸침)에서는 제2형의 그림 A처럼 백이 재빠르게 중앙으로 두 칸으로 뛰어나가는 게 보통이다.

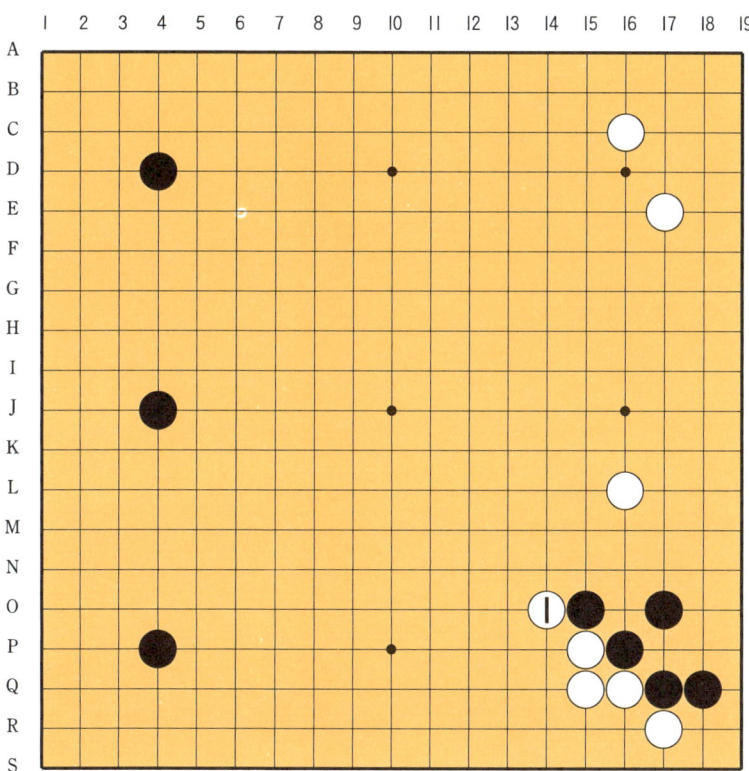

연습 문제

위와 같은 초반의 국면에서, 우하귀의 백이 1로 '젖혀' 왔다. 흑은 다음의 한 수를 어디에 두어야 할까?

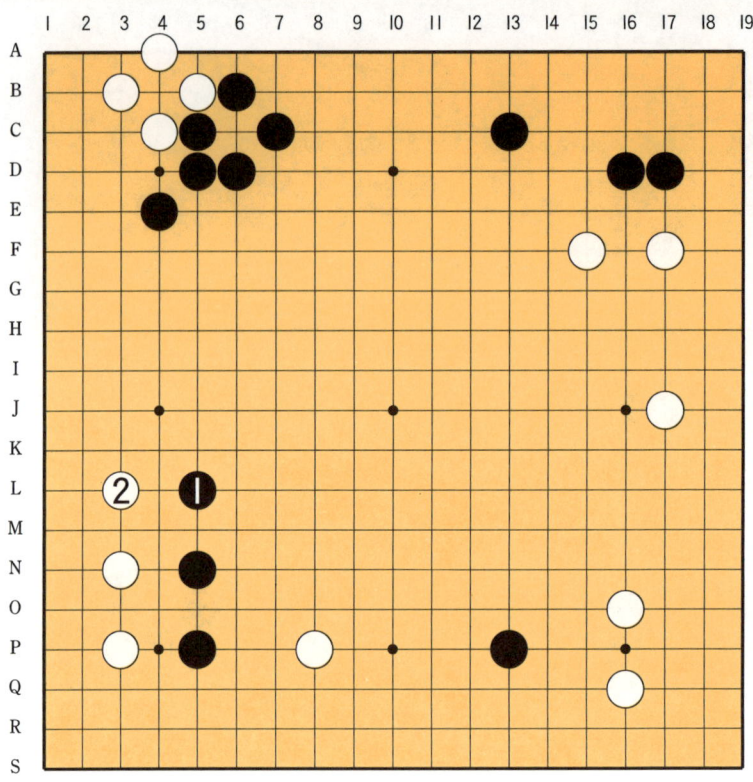

📖 연습 문제

위와 같은 초반의 국면에서, 좌변의 두칸 높은 협공 정석의 과정
으로 흑1과 백2가 되었다.

다음은 흑 차례인데, 어디에 두는 것이 가장 좋은지 한 수만 지적
하기 바란다.

제 4 장

고목과 외목의 정석

'고목'(高目)은 제4선과 제5선의 교차점을 말하며, 이곳은 다분히 세력 구축을 위한 '포석'을 지향할 때 사용하는 것으로 평가되고 있다.

흔히 고수(高手)들이 작전상 사용하는 '고목 정석'을 하수(下手)가 두게 되면, 귀의 집을 상실하게 되는 부담이 발생하므로, 신중하게 선택해야 한다.

'외목'(外目)은 제3선과 제5선의 교차점을 말하며, 한쪽 변을 확실하게 차지하기 위한 수단으로 주로 쓰여진다.

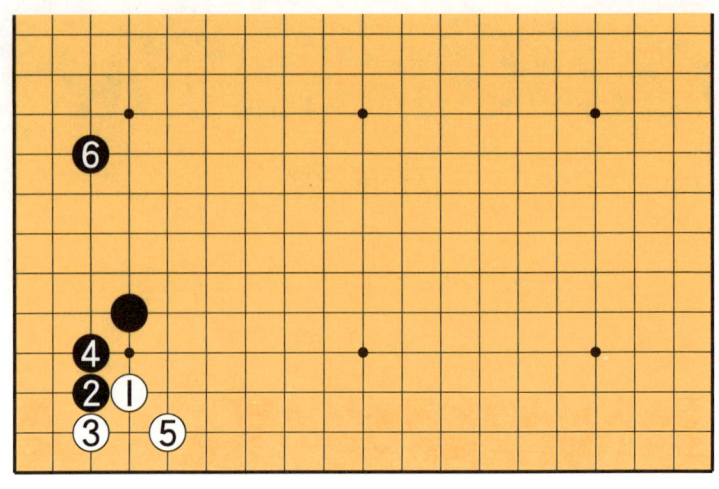

[기본형]

1. 고목(高目)

● 제1형

고목의 돌은 그 위치가 높기 때문에, 집을 차지하는 것보다 세력을 만드는 데 편리하다. 이때 백의 '걸침'은 백1의 소목이 보통이다. 이러면 소목의 돌에 흑이 '한칸 높은 걸침'한 것과 같은 모양인데, 다음 '흑이 둘 차례'라는 조건이 다르다. 흑은 2와 4로 귀에 파고들고, 흑6으로 크게 '벌림'하는 것이 요령이다. 백5의 '호구'는 이런 자

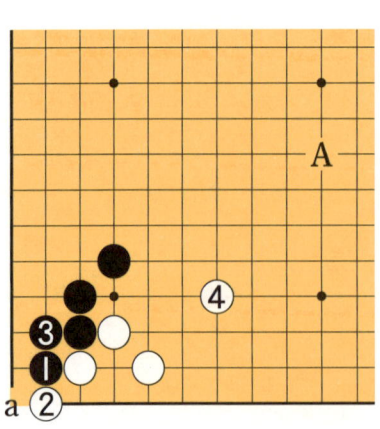

리에서의 모양으로, 다음에 집을 형성하기에 가장 알맞은 수이다.

(A) 기본형의 흑6을 그림 A의 흑1은, 귀에 너무 연연한 수로 좋지 않다. 당연한 응수 백2에 대해 흑은 a에 두지 못하므로, 흑3으로 잇지 않으면 안 된다. 다음 선수는 백 차례이므로, 백4로 집 모양을 백이 먼저 형성하게 된다.

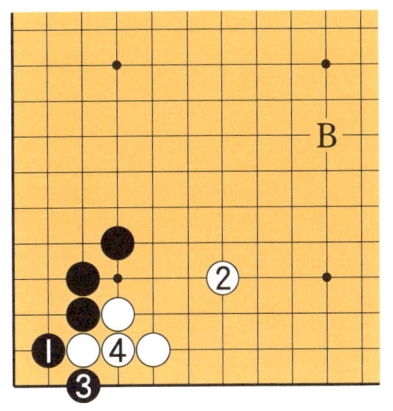

(B) 흑1일 때 그림 A처럼 두지 않고 곧바로 백2라면, 흑에게 3의 '단수'를 맞아 백4로 이은 결과, 뿌리의 집모양이 없어진다.

그렇다면 기본형 백3과 5로써 집짓기 준비를 한 의미가 없다.

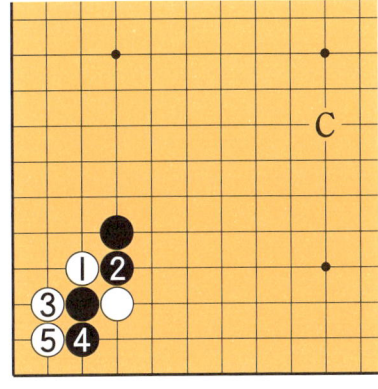

(C) 흑이 붙여 왔을 때 백이 1로써 절단하려 하면 어떻게 될까? 흑은 당연히 흑2의 '끊음'이다. 백3으로 흑 한점을 잡으러 왔을 때 우선 흑4로 달아나는 수도 당연하다.

그럼 여기서 백은 5에 두었는데, 흑은 다음에 어떻게 받아야 할까?

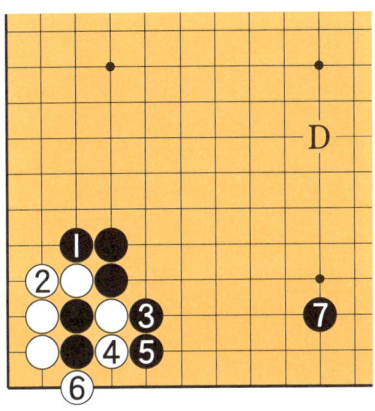

(D) 정답은 흑1, 3, 5로 귀의 흑돌 두점을 미끼로 하여 중앙 쪽으로 세력을 만드는 수순(手順)이다. 흑 두점은 잡히지만, 흑 7까지로 광대한 세력을 쌓을 수 있어 흑이 우세한 그림이다.

눈앞의 돌 생사(生死)에만 정신을 뺏기지 말고, '돌을 버리고 더 많은 이익을 얻는다'는 작전도 중요함을 알 수 있다.

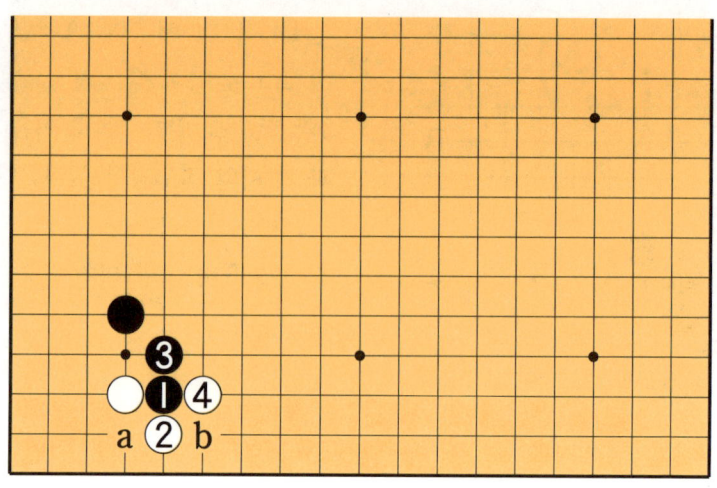

[기본형]

🟡 제2형

위의 기본형과 같이 흑1로 흑이 바깥쪽에 붙인 '정석'이다. 백은 붙여진 흑돌에 대해 제1형과 마찬가지로 끊으려 하지 말고 백2로 응수하는 게 바른 수이다.

이런 다음에 흑3에 대해서는 백4로 응수하는 진행이 보통이지만, 이렇게 되고 나서 백은 a와 b의 '끊음'이 걱정될 것이다.

그럼 다음 그림에서 흑이 끊은 경우를 생각해 보기로 한다.

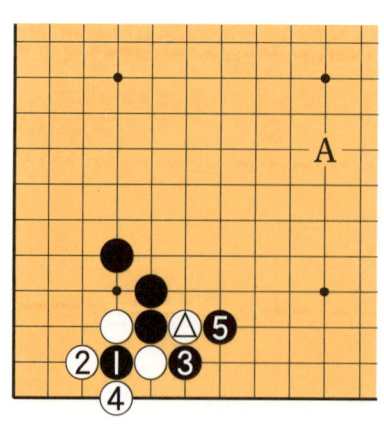

(A) 먼저 흑1의 끊음에는 백2와 4로 흑 한점을 따내고, 흑은 1을 '버림돌'(사석)로 하여 흑3과 5로써 백△의 한 점을 '축'으로 모는 '갈림'(서로 각각 모양이 생기는 것)이 된다.

그러므로 흑은 끊기에 앞서 백△를 축으로 잡을 수 있는 조건이 필요하다.

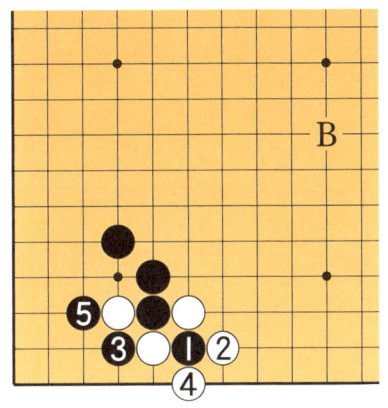

(B) 흑1로써 반대쪽을 끊을 경우도 그림 A와 같은 원리로 백이 2와 4로 끊은 쪽 흑 한점을 잡고, 흑은 3과 5로 백 한점을 잡으며 귀를 제압한다.

그림 A와 그림 B에서 각각 백이 어딘지 불리한 것처럼 보일지 모르지만, 백2와 4로 '빵때림'한 모양은 매우 강하며, 두 경우 모두 '호각지세'(互角之勢 : 서로 우열을 가릴 수 없는 대등한 결과)라고 판정할 수 있다.

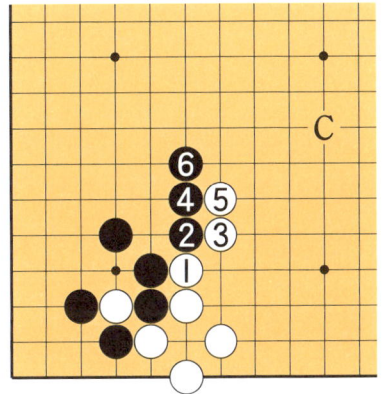

(C) 그림 B에 이어 백은 1부터 5까지로 우측의 세력을 강화하는 것이 좋은 수이며, 흑6까지가 정석으로 되어 있다.

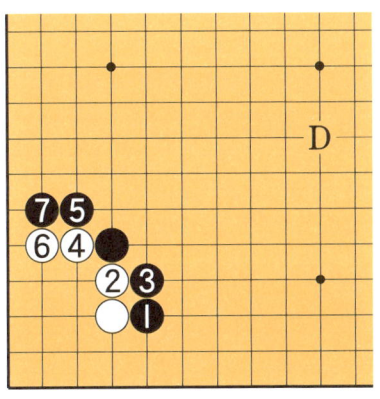

(D) 흑이 1일 때 백이 2로 부딪치는 것은 아주 나쁜 수, 즉 '악수'(惡手)이다.

흑3부터 7까지로 두어진 상황에서, 다음이 어떻게 되든지 흑세력이 크게 유리하다고 이해하면 된다.

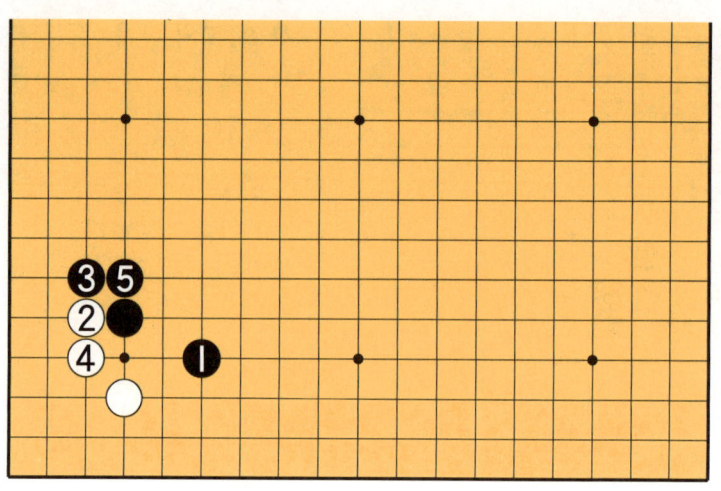

[기본형]

🟡 제3형

앞에서 풀이했듯이, 고목은 세력을 만들기 쉬운 '착수'(着手)인데, 흑 1의 '날일자 행마'로 백을 압박하는 수는, 고목의 성질을 특히 잘 나타내고 있다. 백2부터 흑5까지 되면 백의 '집'과 흑의 '세력'으로 뚜렷하게 구분된다.

바둑에서 집과 세력 중에서 어느 것이 유리한가 하는 판정은, 앞으로의 진행에서 기사(棋士 : 바둑을 전문으로 두는 사람)의 특기나 상대방의 응수에 따라 달라진다.

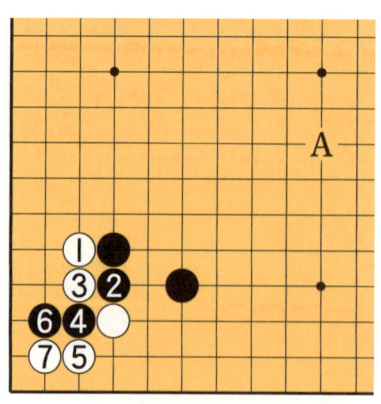

(A) 백이 1로 붙였을 때, 흑이 2와 4로 끊어 왔다면 어떻게 될까? 백7까지로 흑 두점은 살 수 없지만, 이 돌을 '버림돌'로 하여 세력을 만드는 수단이 있다.

이처럼 버림돌을 잘 활용하는 요령을 알아두는 것이 좋다.

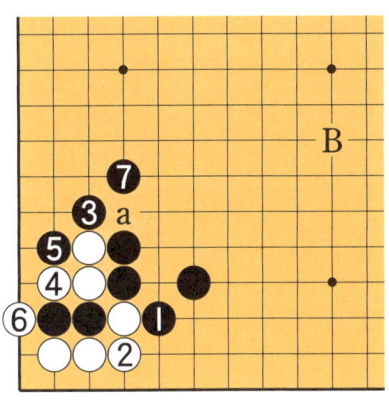

(B) 흑1의 '단수'로부터 흑3과 5가 정석을 향한 바른 수순이다.

흑은 7로써 a의 끊기는 약점을 보완하면서 세력을 갖추고, 백은 귀에서 집을 확보하여 일단 락한다.

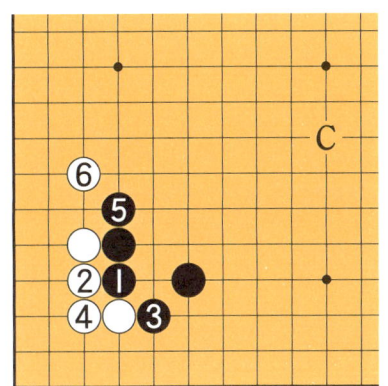

(C) 흑은 간단하게 흑1과 3으로 누르는 수단도 있다. 그러면 백6까지 되고, 이 경우는 흑 세력이 우측으로 향한다.

정석의 수순에 따라 세력의 방향이 달라지는 점에 주의하기 바란다.

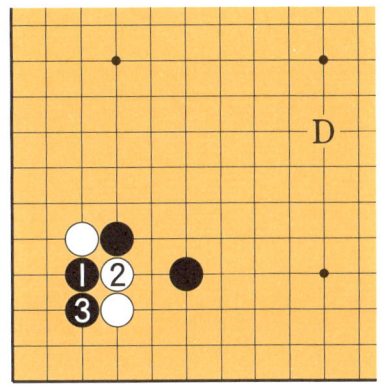

(D) 보통은 좋지 않지만, 이 모양에서는 흑이 1과 3으로써 도전하는 정석도 있다.

이와 같은 상황 이후에는 복잡한 싸움이 전개되므로, 먼저 기본 정석부터 정복하고 나서 앞으로 연구해 보기 바란다.

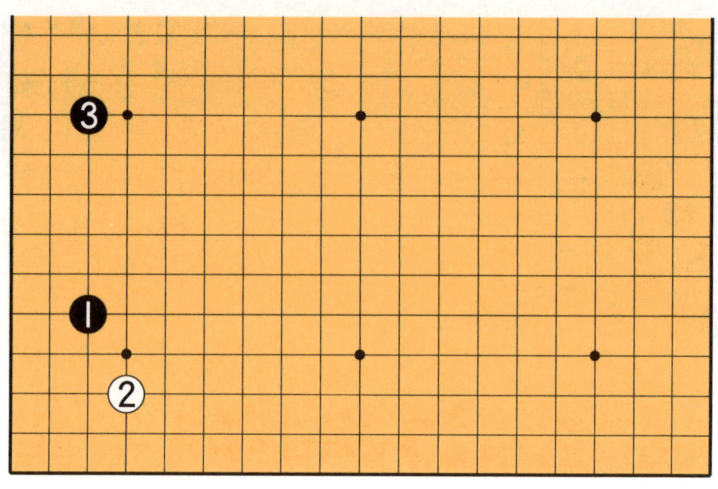

[기본형]

2. 외목(外目)

● 제1형

위의 기본형과 같이 흑1의 외목에도 역시 백2의 소목이 보통의 '걸침' 방법이다.

흑은 이 다음에 흑3으로 좌변에 걸쳐서 크게 벌리는 '착수'가 효과적인 하나의 작전이다.

왜 크게 벌릴 수 있는지 생각해 보기로 한다.

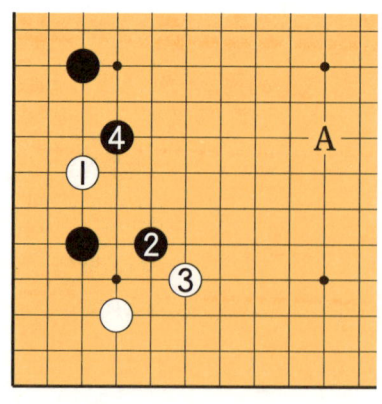

(A) 백이 1로 뛰어들었을 경우, 흑은 2로써 귀의 백을 압박하며 세력을 만들고, 백이 소목의 백을 3으로 키울 때, 또한 흑 4로써 공격할 수가 있다.

이렇게 되면 백1의 한 점 탈출이 괴로워, 흑의 유리한 전개이다.

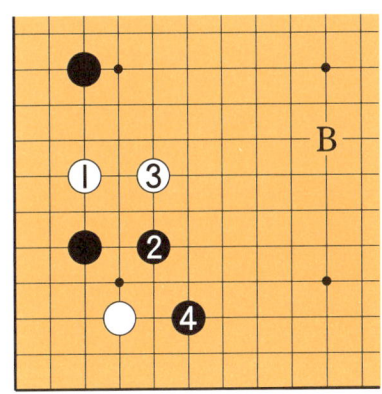

(B) 흑2일 때 백3으로 달아나는 것은, 흑에게 4의 봉쇄를 허용하여 이번에는 귀의 백이 위험해진다.

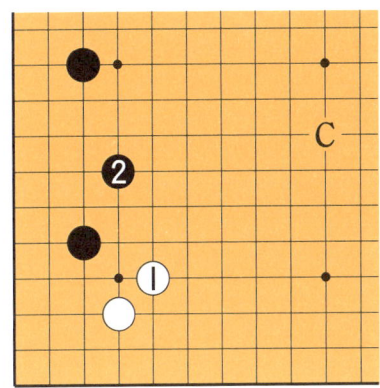

(C) 백이 1로 지켜 두면 그림 A와 같은 흑의 수단이 없어지므로, 흑도 2로 지켜 두는 게 견실하다.

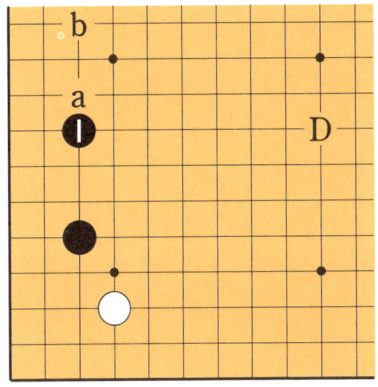

(D) 이 모양에서 흑1의 '두칸 벌림'으로는 소극적이다.

흑으로서는 적어도 a까지 벌리는 것이 보통이다. 더욱 b까지 벌려도 상관없다.

'벌림' 속에 백이 뛰어들더라도 흑은 충분히 싸울 수 있다는 계산이다.

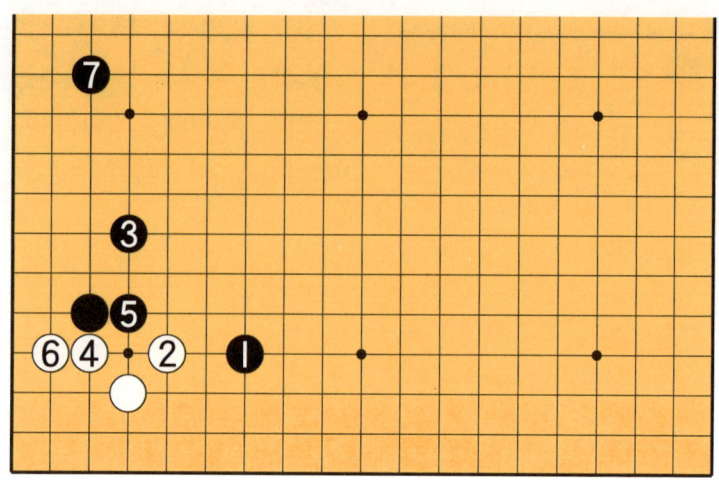

[기본형]

🟠 제2형

외목의 또 하나의 작전으로서, 귀의 백을 협공하면서 세력을 만드는 정석이 있다.

흑7까지가 그 하나의 예인데, 백도 귀에 집을 가져 호각지세로 판정한다. 머리로 이해할 것은 이해하고, 눈으로 알아둘 것은 이 정도로 알아두기 바란다.

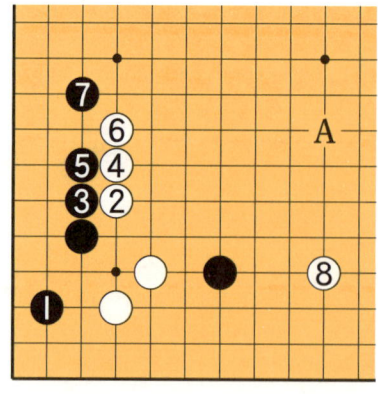

(A) 귀에 백집을 만들지 못하도록 하기 위해 기본형의 흑3을 이 그림의 흑1로 두는 것은 좀 지나친 수이다.

백2부터 6까지로 백에게 큰 세력을 허용하고, 또한 백8의 역습을 초래한다.

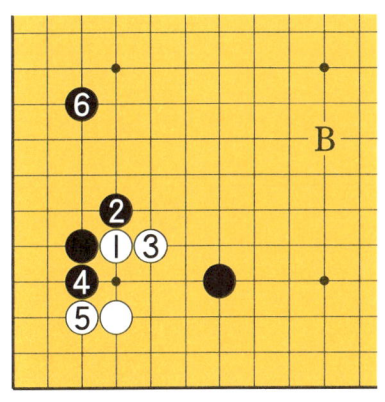

(B) 백1로써 흑에 붙이는 것도 정석이다.

흑2부터 백5까지 화점의 '붙여 뻗음' 정석과 비슷한 경과를 거쳐, 흑6까지 자세를 잡기까지가 요령이다.

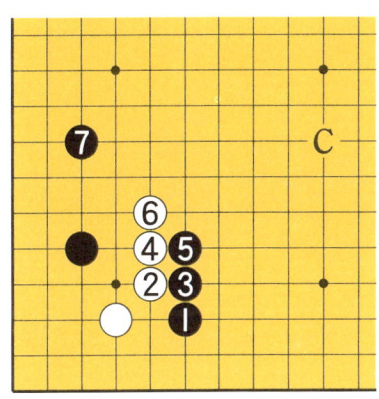

(C) 물론 흑의 협공은 여러 가지로 생각된다.

흑1로써 한칸 협공하는 것도 효과적인데, 백2, 4, 6으로 중앙에 고개를 내밀고, 흑7의 '벌림'까지 하나의 정석이다.

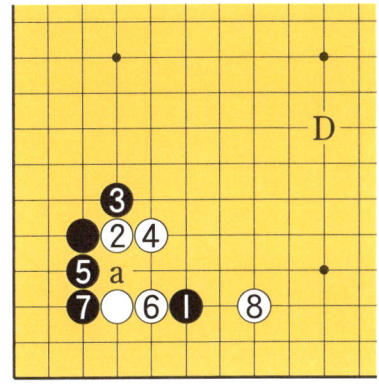

(D) 흑1에 대해 백2로 붙이는 수도 나쁘지는 않다.

이 경우는 백6으로써 흑7의 곳에 누르는 것은 무리로, 다음에 흑a로 나온다면 백이 곤란하다.

결국 흑7과 백8이 되어 일단락된다.

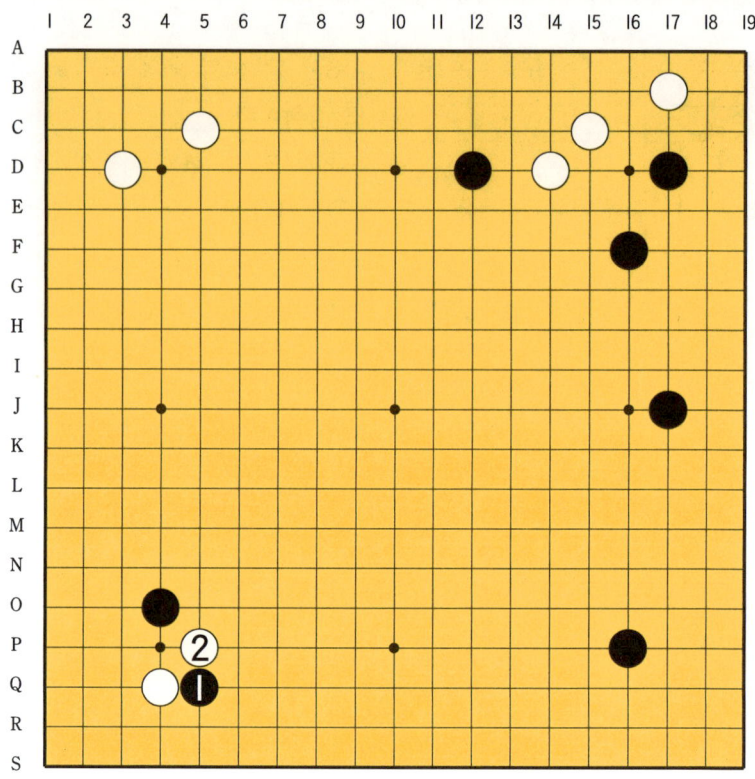

▦ 연습 문제

고목의 백돌에 대해서 흑이 1로 붙이자, 곧바로 백은 2로써 완강하게 반발했다.

흑은 다음의 한 수를 어떻게 두어야 할까?

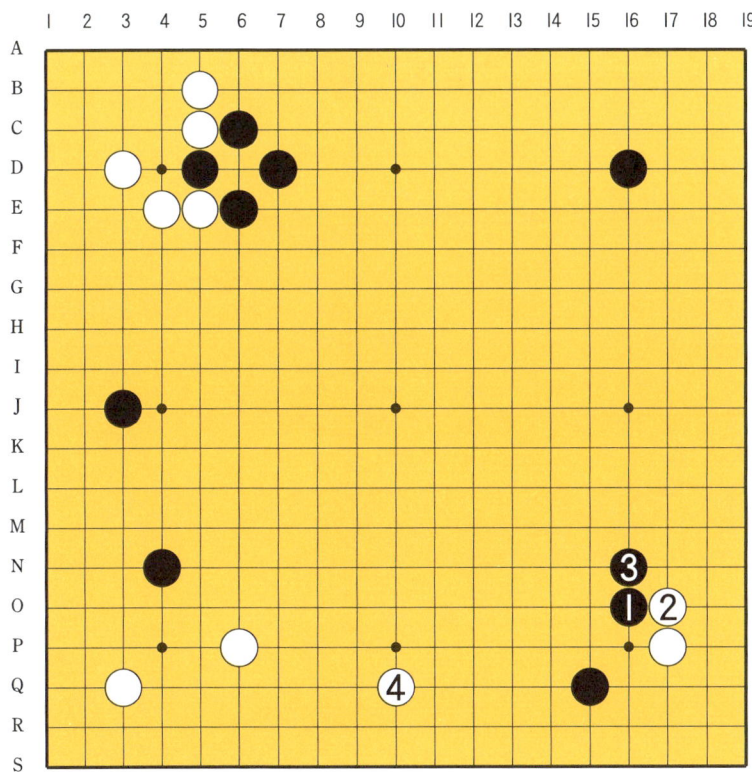

연습 문제

흑은 하변에서 세력을 쌓을 목적으로 흑1과 3으로 두었는데, 다음에 백이 4로 하변을 먼저 차지해 버렸다.

그렇다면 흑은 다음의 한 수를 어디에 두는 게 좋을까?

p. 26 : (A) 15-D (B) 9-Q

p. 41 : 8-Q

p. 42 : 16-E

p. 53 : 15-N

p. 54 : 10-P

p. 66 : 4-P

p. 67 : 17-N

2

맥점 코스

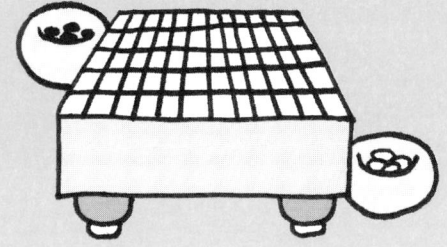

제 1 장

돌의 활동

바둑은 흑과 백이 서로 교대로 한 수씩 두는 게임이므로, 절대로 돌 한 개라도 불필요한 수를 두어서는 곤란하다.

바둑돌은 다른 돌과 더불어 '힘'과 '활동성'을 가져야만 가치 있는 '착수'로 평가되는 것이므로, 바둑 전체적인 '모양'과 '맥점'에 합당한 위치 포착이 매우 중요하다. '살아 움직이는 돌'이 무엇인가를 인식하도록 노력하기 바란다.

1. 모양과 맥점

● 강약의 차이

바둑이 강한 사람과 약한 사람은 어떤 점이 다를까? 한마디로 말하면, 강한 사람은 한수 한수의 돌에 '군더더기 수'가 없고, 약한 사람은 군더더기 수가 많다는 점일 것이다.

말할 것도 없이 바둑은 평등하게 한 수씩 두는 것이므로, 군더더기 수를 많이 두는 쪽이 지는 것은 당연할 것이다. 따라서 바둑이 강해지려면 100퍼센트 돌을 활동시키는 수단을 배워야 한다.

예를 들어 '단수'된 돌을 잇는 것은 당연한 일이지만, 주위에 있는 상대편 돌이나 자기편 돌의 상호 관계 속에서 훌륭한 수를 두는 일은 꽤나 궁리가 필요할 것이다.

그런 상태에서 100퍼센트 활동성이 있는 돌을 '모양이 좋은 수' 또는 '맥점이 좋은 수'라고 하는 것이다. '모양'은 일정한 형태를 갖춘 자세와 같은 의미이지만, '맥점'은 일련의 움직임이 뒤따르게 된다.

야구에 비유하면, 타자의 자세와 포수의 자세가 모양이고, 투구가 2루부터 1루로 보내지는 더블 플레이의 바른 순서는 '맥점'이라고 하겠다.

그러나 바둑을 갓배운 단계에서는 모양과 맥점을 구별하여 이해할 필요는 없고, 어느 쪽이나 기본적인 내용을 배우는 게 선결 문제이다. 따라서 엄밀히 따지면 모양과 맥점은 다르지만, 일단 두 개의 주제를 하나로 묶어서 '활동성 있는 수단'으로 연구하기로 한다.

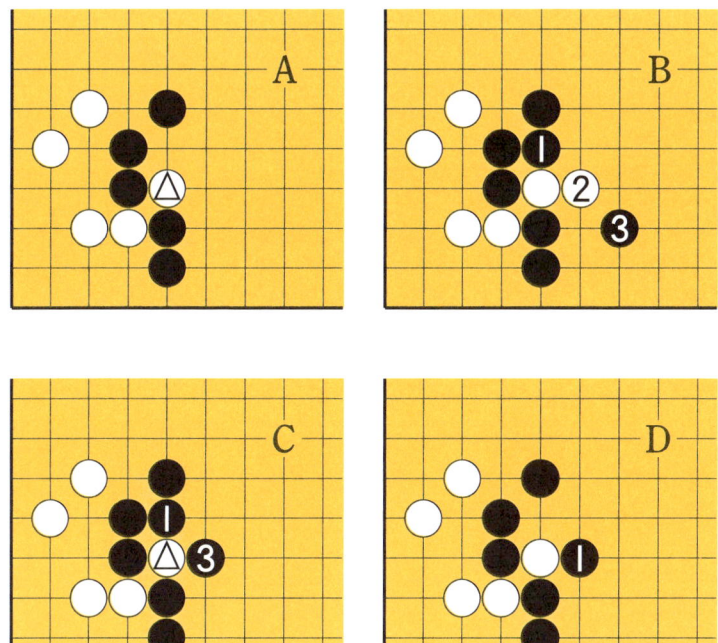

군더더기 수

돌의 활동에 관해서 먼저 간단히 알아보기로 한다.

(A) △의 백에 대해 흑은 어떻게 둘까 하는 경우이다.

(B) 흑1로써 '단수', 백2라면 흑3으로 공격하는 생각은 어떨까?

(C) 백은 달아나는 게 불리하다고 생각하면 백△를 포기한다. 그럴 때에 흑은 3으로 따내어 안심하고 싶을 것이다. 그런데 흑1과 3으로 안심할 수 있다 해도, 사실은 이 수순에는 의문이 있다. 그것은 흑이 안정을 하기 위해 흑1과 3의 두 수를 썼다는 점이고, 즉 돌의 낭비가 발생했다는 점이다.

(D) 처음부터 흑1로 두면 문제는 없었던 것이다. 즉 그림 C의 흑1은 활동성이 적은 수이고, 그림 D의 흑1은 활동성 있는 바른 착수라 할 수 있다.

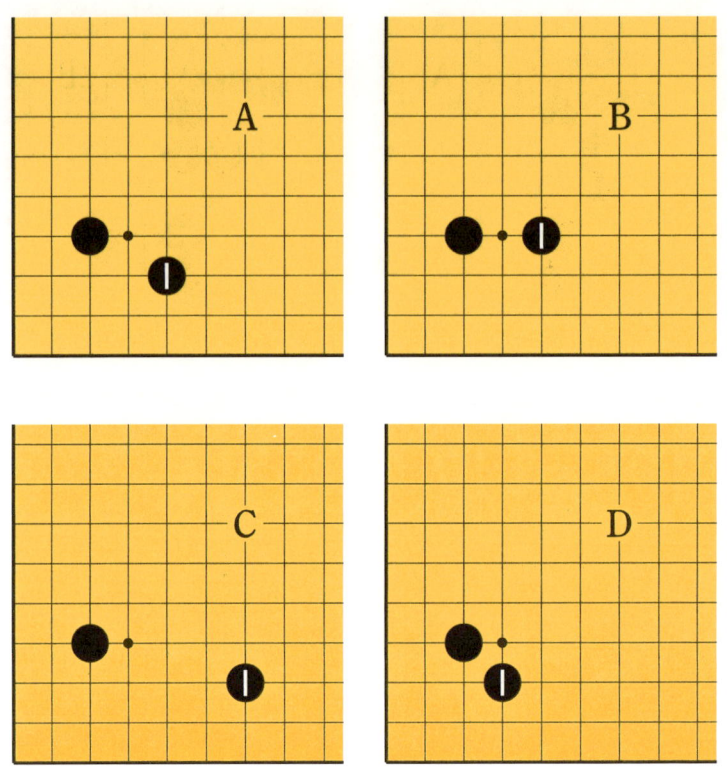

2. 능률과 모양

● 집의 윤곽

(A) 소목에서 흑1의 '날일자'로 귀를 지키는 게 상식적 포석이다.

(B) 흑1은 '한칸 굳힘'으로, 이 모양도 보통의 사고방식이다.

(C) 흑1은 어떨까? 모양의 범위는 넓게 잡고 있지만, 그 대신 틈이 많아 이대로 집을 지을 수 있을지 불안할 것이다.

(D) 앞 그림과는 대조적으로 흑1의 '마늘모'는 착실한 수이다. 그러나 집의 윤곽은 아주 작아진다.

그림 C처럼 능률이 지나치면 틈이 생기고, 너무 착실하게 두자면 그림 D처럼 활동이 적어진다. 그 균형을 잡는 게 중요하다.

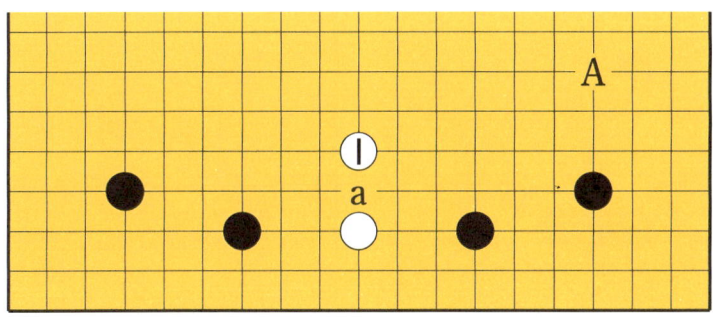

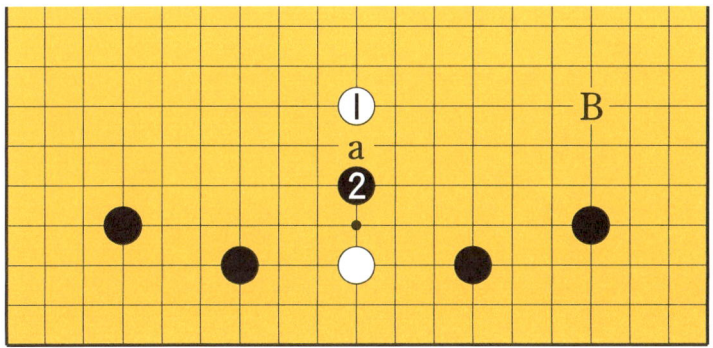

● 달아나는 속도

(A) 백은 좌우로부터 협공을 당하여 괴로운 상태이므로, 어쨌든 중앙을 향해서 달아나야 한다. 이때 백1의 '한칸 뜀'이 가장 상식적이다. 백1로써 a에 연결시켜 달아난다면, 연결은 확실해도 달아나는 속도가 더뎌서 그만큼 위험성이 많아진다.

(B) 백1의 '세칸 뜀'이라면 달아나는 속도는 빠르다. 그러나 이 수는 아래쪽 돌과의 연결이 불완전하여, 흑2로 갈라치며 들어오면 백이 곤란하다.

'세칸 뜀'이 아니고 a의 '두칸 뜀' 정도면 그럭저럭 생각할 수 있다. 다만 '한칸 뜀'에 비하면 연결이 약간 불안하다. 여기서는 역시 '한칸 뜀'이 능률과 탄탄함에 있어 균형이 잡힌 모양이라고 하겠다.

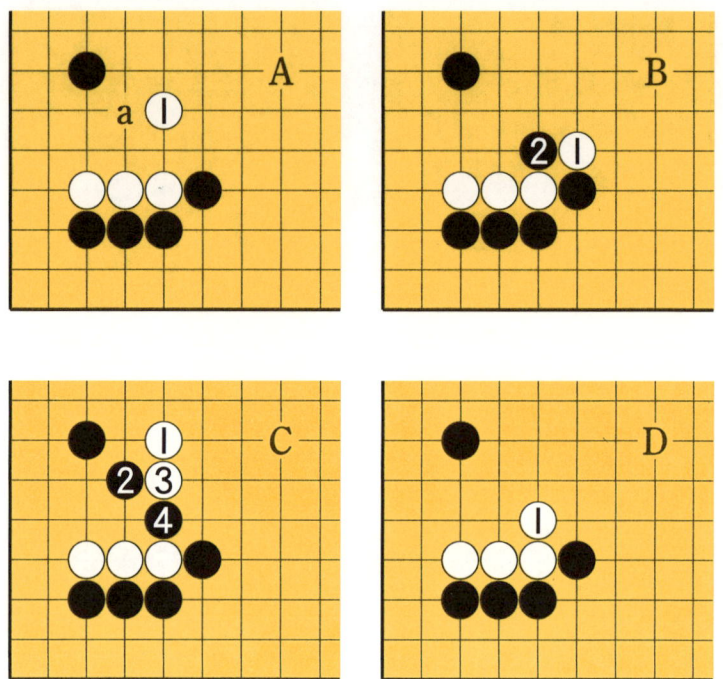

● 늘어선 돌은 한칸 뜀

전투의 경우도 능률과 모양을 아울러 생각하는 게 중요하다.

(A) 백 세점은 괴로운 상태이다. 달아나려면 역시 백1의 '한칸 뜀'이 알맞다. 백1은 a의 이쪽 한 칸도 생각할 수 있다. 이렇듯 한편의 돌이 두 개 이상 늘어서 있을 때, '한칸 뜀'이 기본적인 발전의 방법이라고 알아두기 바란다.

(B) 백1은 '강수'(强手)인데, 흑2로 끊어져 이 경우는 위험하다.

(C) 백1의 '두칸 뜀'은 능률적으로 보이지만, 이 수도 흑2부터 4로 끊어져 위험한 모양이다.

(D) 백1로 두는 사람이 많다. 연결은 확실하지만, 능률이 나쁘고 활동이 부족하여 좋지 않은 수이다.

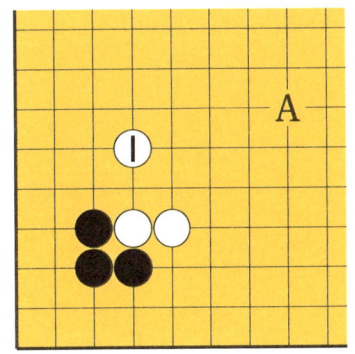

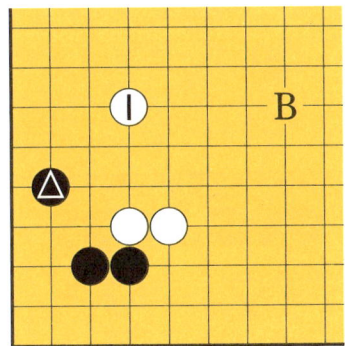

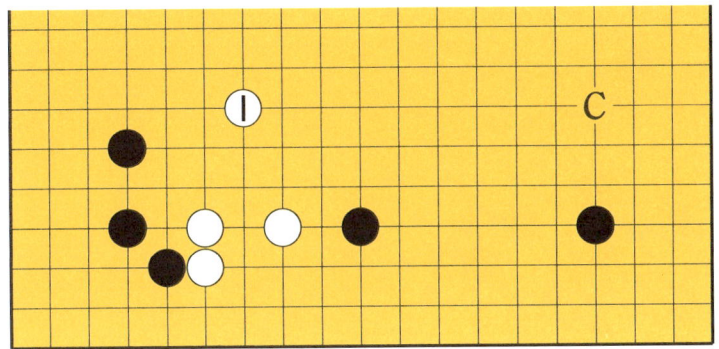

● 상황에 따라

주위의 상황에 따라 발전적인 방법을 생각하게 되면, 이미 상당한 실력이다. 몇 가지 예를 들어 보기로 한다.

(A) 귀의 전투 모양인데, 백돌은 두 개 늘어서 있으므로 백1로 '한 칸 뜀'하는 게 활동적인 수이다.

(B) 앞 그림과 약간 비슷하지만, 흑▲가 백돌로부터 조금 멀어져 있는데, 이 경우는 백1의 '두칸 뜀'이 적절하다. 끊길 염려가 없다면, 조금이라도 발빠른 편이 활동적이다.

(C) 이 백은 토대가 매우 튼튼하므로, 백1까지 도망쳐도 연결에 걱정은 없다.

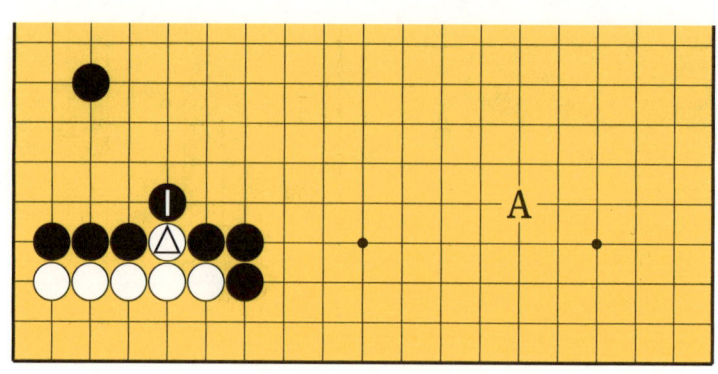

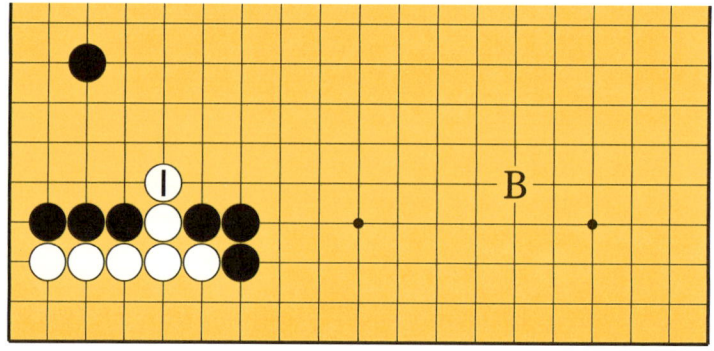

3. 세력의 가치

● 봉쇄

(A) 백이 방금 ⊙에 둔 경우라고 생각해 주기 바란다. 여기서는 백의 진출을 봉쇄하는 흑1의 수가 '절대'라 해도 좋을 만큼 중요하다. 흑1로 봉쇄함으로써 위쪽은 완전히 흑의 세력권에 들어가서 앞으로 큰 이익이 생길 태세이다. 그 이익이란 이 일대가 직접 집이 되기 쉽거나, 싸움이 생겼을 경우 흑은 매우 유리할 것이라는 사실이다.

(B) 그림 A와 비교하기 바란다. 백이 1로 머리를 내밀면, 이 일대는 즉시 흑의 세력권으로서 가치를 상실한다. 오히려 좌우의 흑이 분단되는 바람에, 흑돌이 약해져서 쫓기는 처지가 되어 버린다.

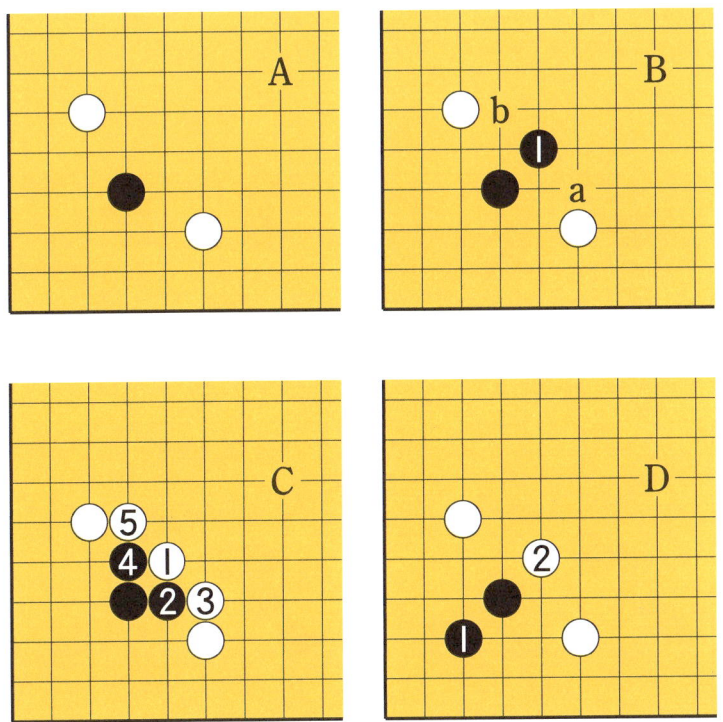

●머리를 내밀다

(A) 백이 '양걸침'한 경우이다. 이럴 경우 흑의 기본적 사고방식은, 먼저 봉쇄당하지 않도록 해야 한다는 사실이다.

(B) 그러자면 흑1의 '마늘모'가 가장 간단한 수단이다. 이 밖에 a 또는 b의 '붙임'도 있다.

(C) 만일 백에게 1로 봉쇄당하면 흑은 매우 불리해진다. 흑2와 4 로써 포위망을 돌파하려 해도, 백3과 5로 응수당해서 성공하지 못한 다. 흑은 비록 귀에서 산다 하여도 봉쇄한 백이 절대 유리함을 이해 하기 바란다.

(D) '양걸침'되었을 때 흑이 1로 지키는 수는 소극적이며 위축된 모습이다. 어쨌든 백2로 봉쇄하면 흑이 좋지 않다.

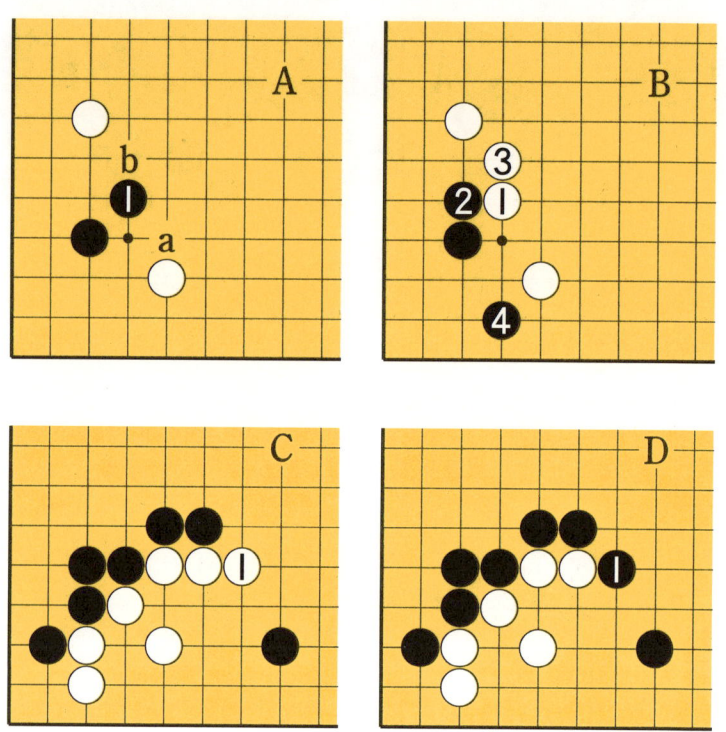

눈에 보이지 않는 크기

(A) 이 모양에서도 흑1로 머리를 내미는 게 중요한 수. 흑1로써 이 밖에 a의 '붙임'이나 b의 '날일자'도 같은 목적이므로 나쁘지 않다.

(B) 반대로 백1로 봉쇄하면 흑이 대단히 불리해진다. 흑은 살기 위해 흑2와 4 등을 필요로 하지만, 이에 따라 백은 3으로 돌이 자연스레 덧붙여져 세력이 더욱 강화된다.

(C) 이런 장면에서도 백1이 중요하다.

(D) 흑에게 1로 눌린다면, 이 백은 밖으로 발전할 수 없게 된다. 이러한 세력에 관한 수단은, 돌을 잡든가 잡히든가 하는 모양과는 달리 이해득실이 당장 피부에 와 닿지 않지만, 그 가치를 무심히 넘기지 않기 바란다. 바둑은 앞으로가 중요하기 때문이다.

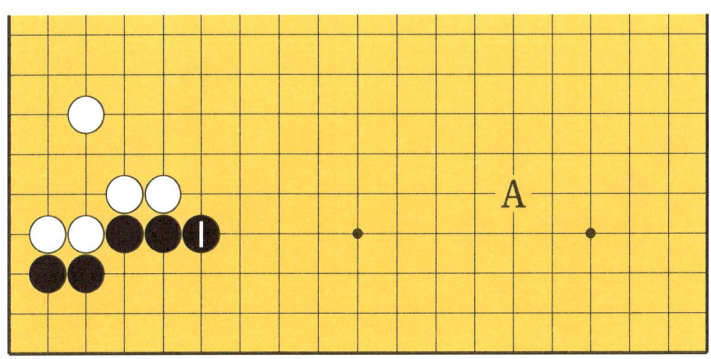

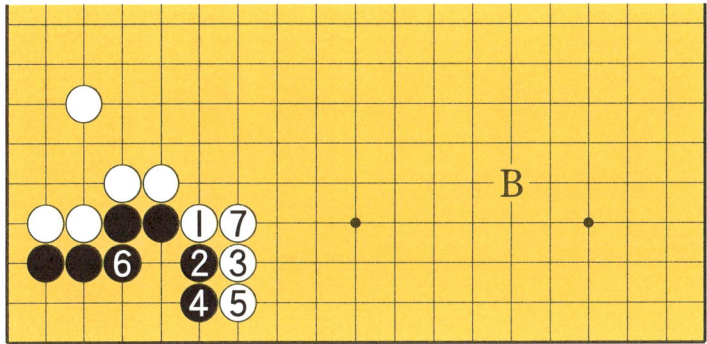

● 뻗음과 누름

(A) 세력을 빼앗기지 않도록 흑1처럼 앞으로 나아가는 수를 '뻗음'이라고 한다. 이런 모양의 경우도 흑1의 '뻗음'은 중요하다.

(B) 위의 그림 B에서와 같이, 상대편 '뻗음'을 봉쇄하는 백1의 수를 '누름'이라고 한다.

뻗어야 할 곳에 상대편이 뻗지 않았다면, 그곳을 즉시 누르는 것이 좋은 수가 되는 셈이다.

이 모양도 백이 1로 누르고, 흑이 2일 때 다시 백3으로 눌러 세력을 빼앗을 수가 있다.

이하 백7까지 되면, 흑을 봉쇄한 백의 대우세이다.

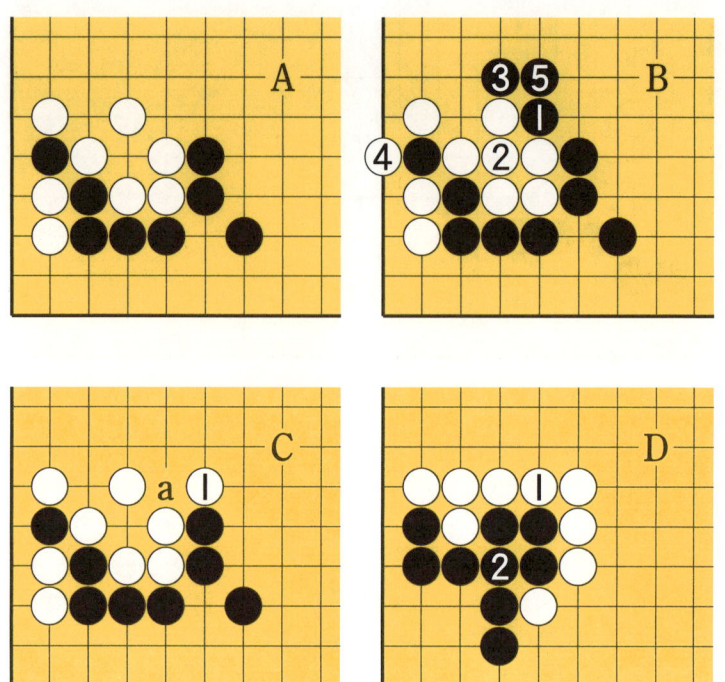

●비교

(A) 별 특별하지 않은 모양으로 보이지만, 흑에게 좋은 수가 있다.

(B) 흑1의 '단수'가 그것이다. 백2로 이으면 득이 없는 것 같지만, 실은 상당히 소득을 얻고 있음을 알아야 한다. 흑1은 중앙으로 향해 세력이 되는 돌이지만, 이에 대한 백2의 '이음'은 다만 세 점의 단수를 살린 데 지나지 않고, 밖으로의 세력은 전혀 보장되지 않는다. 흑3과 백4의 비교도 같다. 흑5까지 흑의 세력이 빛난다.

(C) 백은 1로 두어 흑a의 '단수 누름'을 봉쇄해 두는 게 중요했다.

(D) 이 모양에서 백1과 흑2의 절충도 백이 유리하다. 이 진행을 피할 수 없다고 보면, 그 이전에 이런 모양을 만들어 준 점이 흑의 잘못일 것이다.

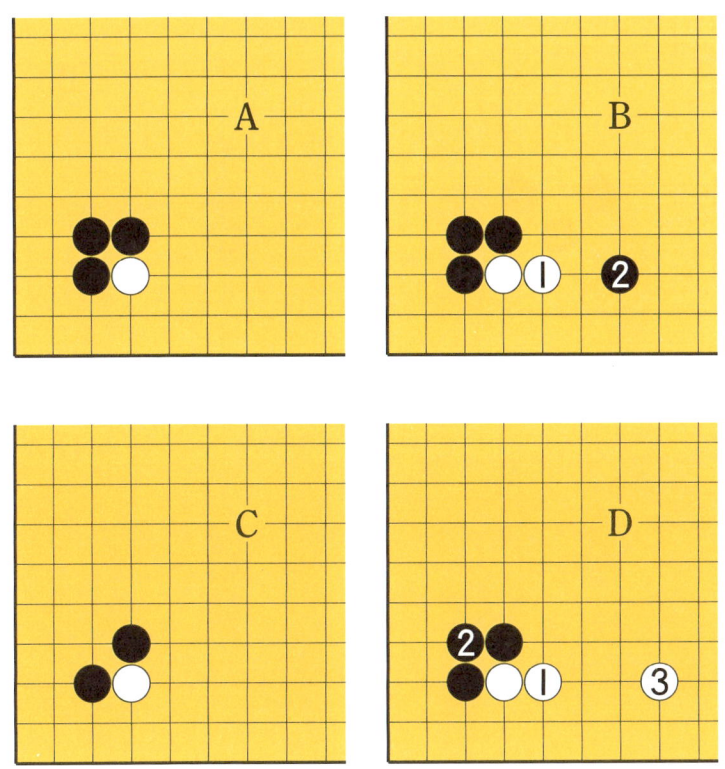

4. 돌의 힘

● 돌의 강약

(A) 이런 상태는 백이 마치 세 명의 상대에게 찍어 눌린 모양으로서 거의 힘을 잃고 있다. '반 죽음의 상태'라고 해도 과언이 아니다.

(B) 이런 약한 돌이 새삼 달아나는 것은 부담을 크게 할 뿐이다. 예를 들어, 백1로 달아나도 흑2로 협공하면, 일방적으로 공격받아 백의 큰 고전이 예상된다.

(C) 이 그림도 즉시 백의 괴로운 모양이지만, 그림 A보다는 낫다.

(D) 백1로 달아났을 때 흑도 2의 '이음'이 필요한 수이므로, 백은 3으로 벌리는 여지가 있다. 그림 B와의 차이를 잘 확인하기 바란다.

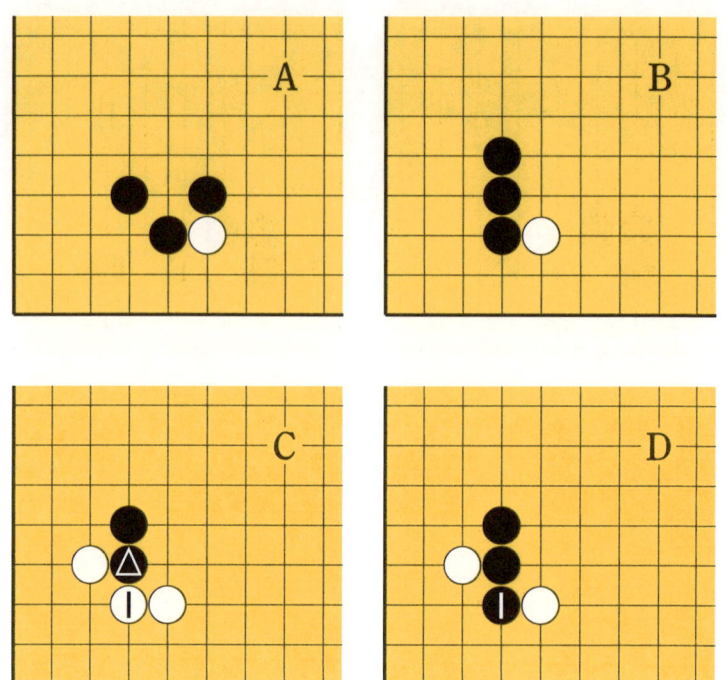

● 곤마(困馬)

(A) 이 그림도 흑의 모양이 강하여 백은 불안하다. 백돌은 '곤마'
(미생마 : 상대의 공격에 쫓기는 돌)와 같은 상황이므로, 차라리 움직
이지 않는 편이 좋을 것이다. 그러므로 이런 모양이 되지 않도록 미
리 주의해야 한다.

(B) '중과부적'(衆寡不敵 : 적은 돌로 많은 돌을 대적할 수 없음)으로,
이 백도 힘을 잃은 상태이다. 모처럼 둔 돌을 이런 비참한 상태로 만
들지 않도록 주의하기 바란다.

(C) 막 흑이 ▲에 둔 경우이다. 백1의 응수는 우선 '절대'라고 해도
좋을 것이다. 이 백1을 잊는다면 큰일이다.

(D) 만일 흑이 1로 돌출한다면 어떻게 될까? 백은 두 개의 돌이
단번에 '양곤마'가 되어 야단난다.

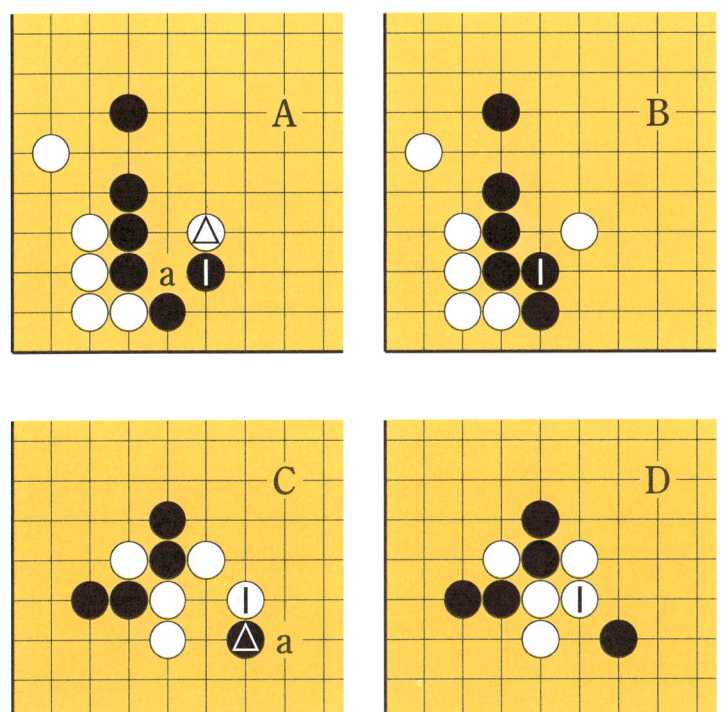

● 강수(强手)

(A) a의 끊기는 점을 보강하려면, 흑1의 '이음'이 최선이다. 왜냐하면 흑1에 의해 백△의 '활로'를 하나 빼앗아, 백돌의 힘을 그만큼 삭감하고 있기 때문이다.

(B) 흑1로써 단순히 잇는다면 백돌에게 직접적인 영향을 주지 못한다. 그림 A의 흑1은 백돌에 헤딩하여 타격을 가하는 수이다. 이 그림의 흑1은 상대에게 타격이 없는 수로, 상대편 돌에 헤딩하는 수가 '강수'인 셈이다.

(C) 이 모양도 백1이 좋은 수이다. 이 다음에 백a까지 둘 수 있다면, 흑▲는 거의 무력한 돌이 될 것이다.

(D) 백1의 이음은 흑에게 직접 타격이 없어 좋지 않은 수이다.

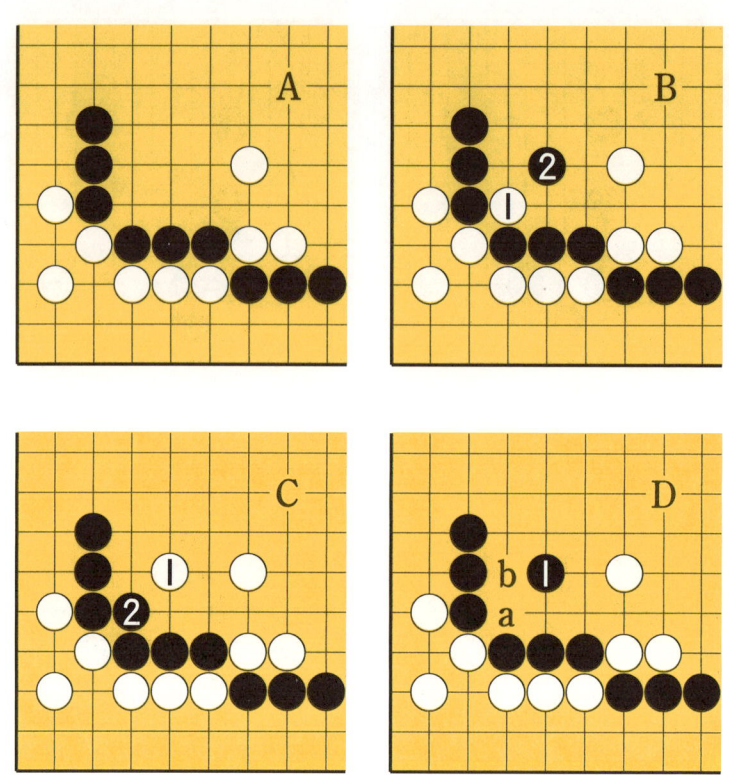

5. 집모양

●모양의 급소

눈(집)이 있는 돌은 강하고, 눈이 없는 돌은 약하다. 항상 눈을 만들기 쉬운 모양, 즉 '집모양'을 갖추는 것이 중요하다.

(A) 이 모양은 어느 쪽이 두든지 시급한 급소가 요구된다.

(B) 만일 백1의 '끊음'이면, 즉시 흑2의 '장문'으로 백이 잡히지만,

(C) 백1에 두면 흑2로 잇지 않을 수 없다. 따라서 이 한 무리의 흑은 눈을 만들기 어려운 '모양'이 되어, 백으로부터 크게 공격당한다.

(D) 흑 차례라면, 흑1로 지키는 게 좋은 수이다. 이 수로 a와 b의 곳에 눈이 생기기 쉽고, 공격받을 염려가 훨씬 줄어든다.

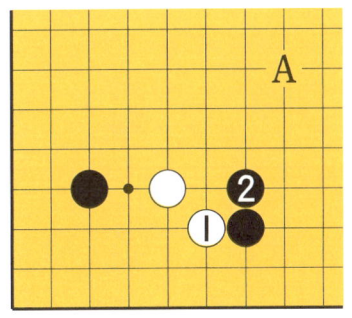

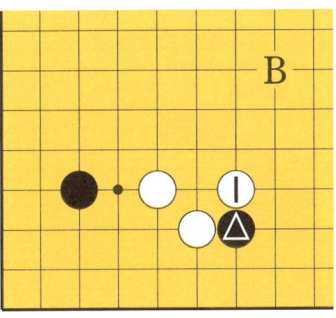

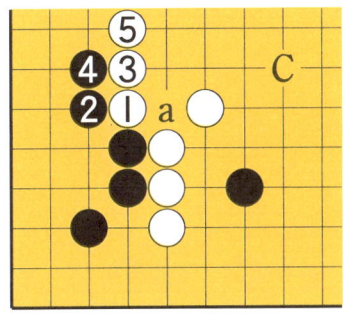

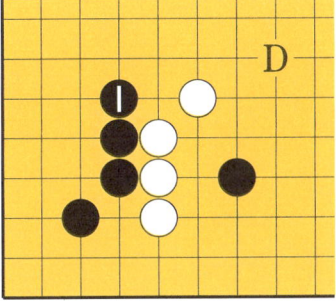

● 공격과 수비의 급소

좋은 모양 또는 나쁜 모양이 생기는 갈림길을 주의하기 바란다.

(A) 백1과 같은 수가 두어졌다면 흑2로 뻗어야 한다. 흑은 백 두 점을 공격하는 태세가 되어 있다.

(B) 거꾸로 백1로 눌렀다면 흑▲는 거의 힘을 잃고 말아, 백을 공격할 입장이 아니다. 반대로 백은 크게 뻗내는 모양이 되어 흑이 곤란해진다.

(C) 백1의 '누름'에서부터 백5의 '뻗음'까지로, 백은 아주 좋은 모양이 되었다. 세력도 풍부해졌고, a의 곳에 눈도 생기기 쉽다. 백은 세력과 눈모양이 생겨 압도적으로 강한 돌이 되었다.

(D) 흑이 1로 두었을 경우는, 앞 그림과 엄청난 차이가 난다. 백은 집모양이 없어져서, 공격당할 염려가 많아졌다.

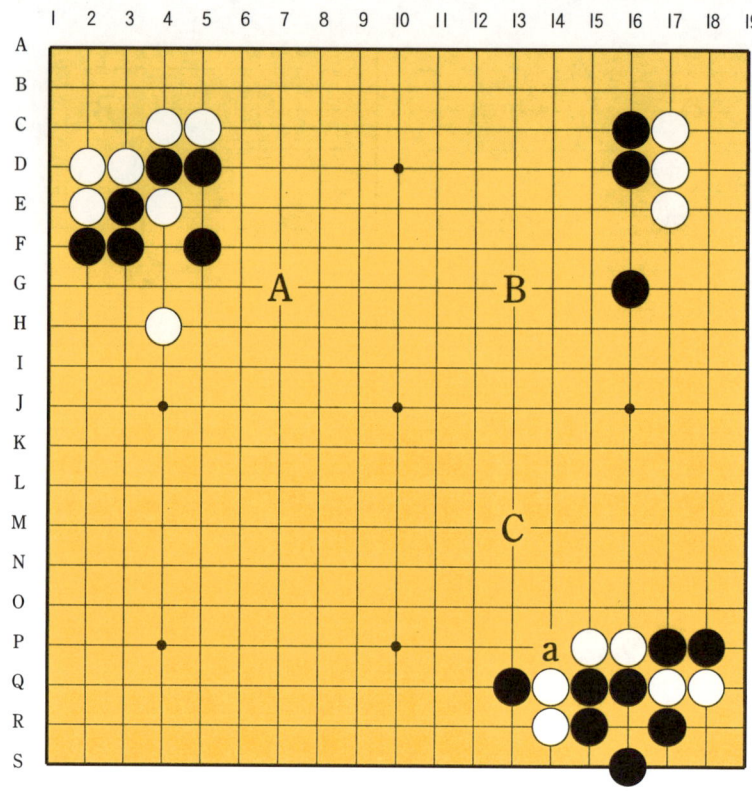

📖 연습 문제

(A) 흑 차례이다. 어떻게 두어야 좋은 모양이 될까?

(B) 흑 차례이다. 어떻게 두어야 좋은 모양이 될까?

(C) 백 차례이다. 흑에게 a로 끊기면 큰일이다. 어떤 곳이 가장 좋은 수가 될까?

제 2 장

싸움의 맥점

　바둑 게임에서는 흑돌과 백돌의 '싸움'이 필연적이다. 따라서 싸움을 유리하게 전개하기 위한 작전으로서 여러 가지 '싸움의 맥점'을 터득하지 않으면 안 된다.

　싸움의 맥점이야말로 절묘하고 다양한 기술이 요구되는 과정이며, 바둑의 승부를 결정짓는 결전장이라고 말할 수도 있으므로, 철저한 분석과 연구가 요구되는 분야이다.

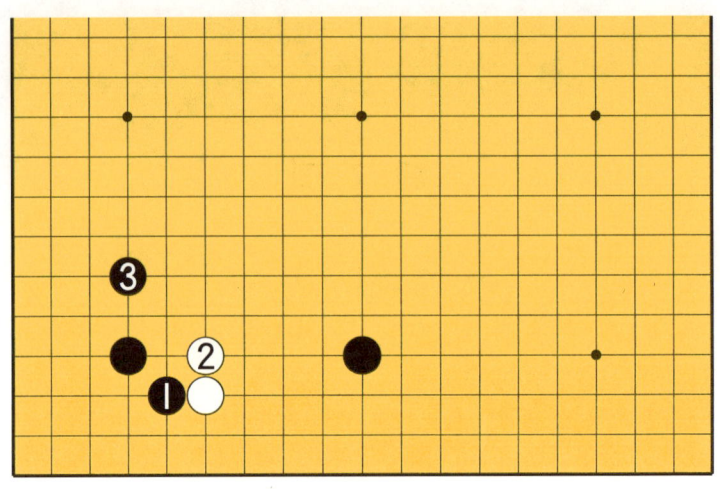

[기본형]

1. 마늘모 붙임

🟡 마늘모 붙임의 예

위의 기본형에서의 흑1처럼 상대편 돌에 부딪치며 '입구(口)자'로 두는 수를 '마늘모 붙임'이라 하며, 돌을 공격할 때 자주 사용하는 방법이다.

백은 2로 '올라서는' 수가 상식이지만, 흑은 3에 '한칸 뜀'을 하여 백에 대한 공격을 계속함과 동시에 좌변을 흑집으로 차지하려는 작전이다.

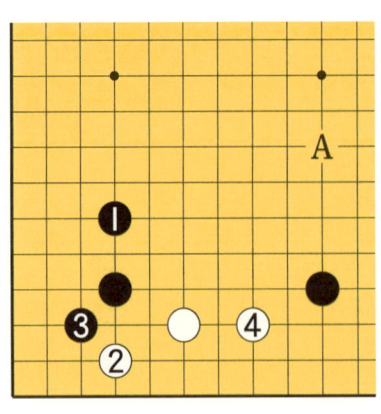

(A) 흑이 기본형처럼 마늘모 붙임을 두지 않고 이 그림의 흑1처럼 곧바로 한칸 뜀이라면, 백에 대한 공격은 별로 기대하지 못한다. 백은 2로써 귀에 침입한 다음에 백4까지로 안정되기 때문이다.

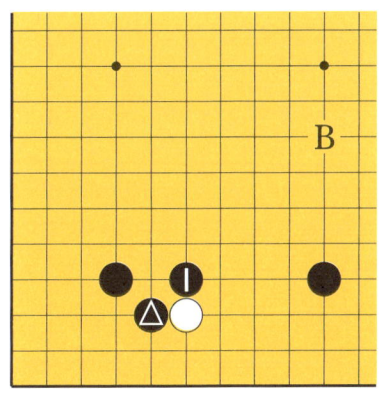

(B) 흑△의 마늘모 붙임에 백이 '손뺌'하면, 흑1로써 백 한점은 이미 죽은 것과 같아진다. 이렇게 되면 흑은 '집'과 '세력'을 겸비하여 대단히 유리하다.

그러므로 마늘모 붙이면 기본형의 백2처럼 '늘어서는' 게 중요하다.

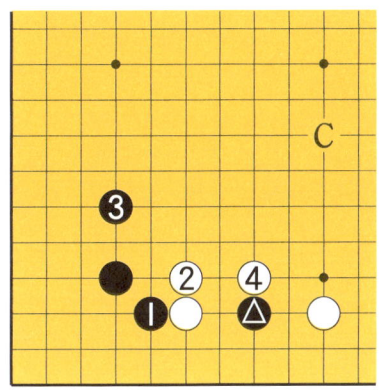

(C) 마늘모 붙임으로서는 안되는 예이다. 이런 모양에서 기본형과 마찬가지로 흑1과 3이라면, 백이 2와 4로 응수하여 이번에는 △의 흑이 위험해진다.

마늘모 붙임으로써 백2로 늘어서게 한다는 것은, 그만큼 상대편 돌을 강화시키는 것도 되므로 주의해야 한다.

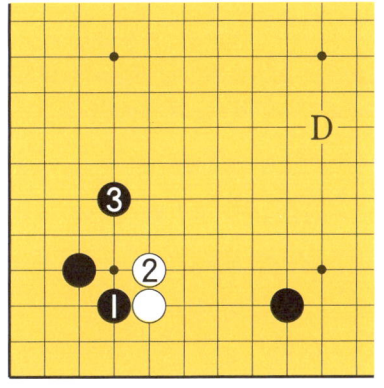

(D) 이 그림은 소목의 돌에서 마늘모 붙임할 경우에 흑1과 3의 연계 작전으로 백을 공격하는 요령을 보여 준다.

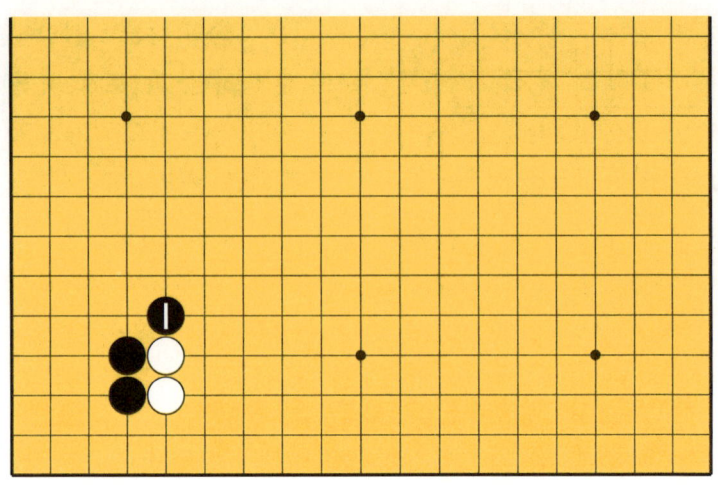

[기본형]

2. 두점 머리

● 두점 머리의 예

"두점 머리는 보지 말고 젖혀라"라는 격언이 있다. 이 말은 위의 그림처럼 서로 두 점의 돌이 붙어 있을 때는, 선수인 쪽이 흑1(흑이 선수인 경우)처럼 머리를 젖히는 게 중요한 수가 된다는 뜻이다.

또 실제로는 두 점이 아니라도, 세 점 또는 네 점의 머리 역시 젖히는 수는 큰 가치가 있다.

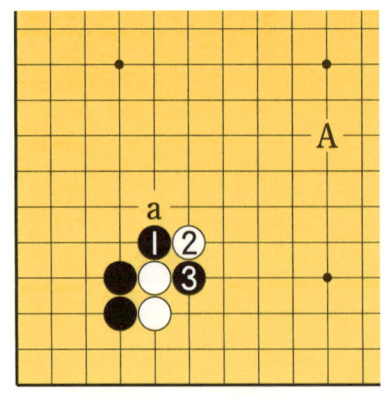

(A) 흑1의 '두점 머리 젖힘' 다음에 백이 2라면 흑3으로 끊는 매서운 수가 있어서, 백이 순식간에 궁지에 몰린다.

흑3을 a에 뻗었다 해도, 흑돌은 중앙을 향해 먼저 나아가므로 흑 세력이 강력해진다.

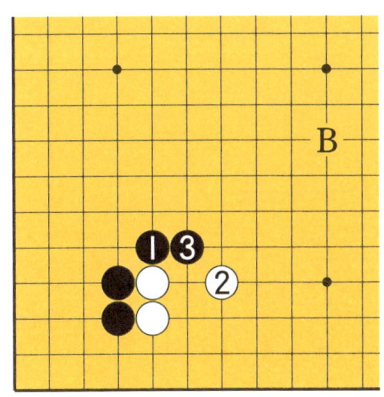

(B) 두점 머리 젖힘인 흑1에 대하여 백이 2의 '한칸 뜀'이라면, 흑은 3으로 뻗어 역시 우세하다.

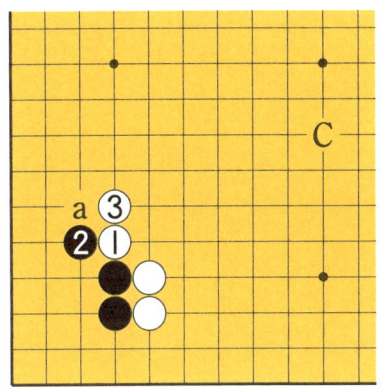

(C) 반대로 백이 선수로 백1로 젖히면 어떨까?

흑2에는 백3으로 뻗거나 또는 a로 다시 젖혀도, 이번에는 백의 세력이 커진다.

요컨대 '두점 머리 젖힘'이란 세력의 우열을 결정하는 중요한 수단이라는 사실이다.

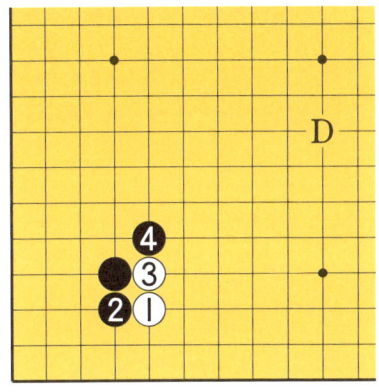

(D) 이 모양에서, 화점의 흑돌에 백이 1과 3으로 붙이는 것은, 결과적으로 흑4로 두점 머리 젖힘을 당하게 되므로, 백의 나쁜 행마임을 알 수 있을 것이다.

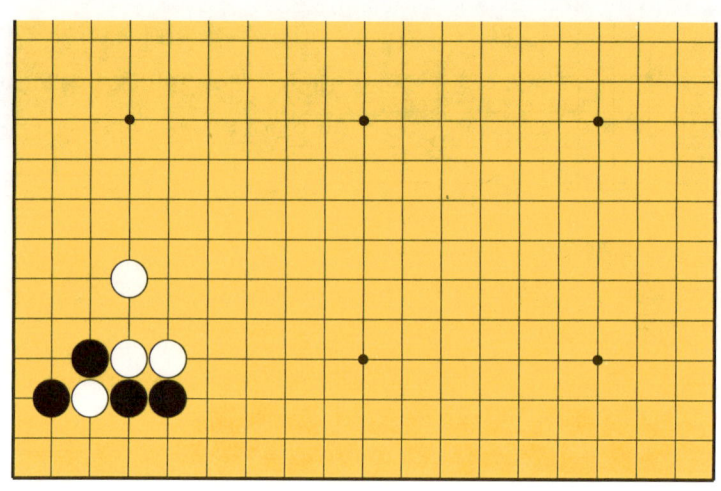

[기본형]

3. 버림돌(사석)

● 버림돌의 예

위의 그림은 고목 정석이 생기는 도중의 모양이다. 이번에는 백 차례인데, 어떻게 두어야 할지 생각해 보기 바란다.

달아나도 잡힌다고 포기한 돌이라도, 경우에 따라서는 이용 가치가 있는 법이다. 상대에게 미끼를 주어 이익을 꾀하는 작전, 이것이 '버림돌'의 맥점이다.

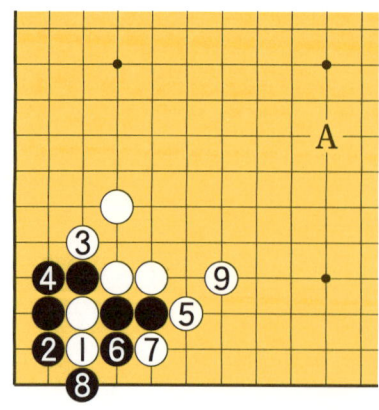

(A) 먼저 백1로써 뻗는 게 '두 점으로 키워서 버리는', 즉 버림돌의 맥점이다. 흑이 2로 백을 잡으러 왔을 때, 백3, 5, 7로 백 두 점을 미끼로 하여 주위에 세력을 키울 수가 있다. 백9까지가 정석이고, 흑집과 백 세력으로서 '호각지세'의 갈림이다.

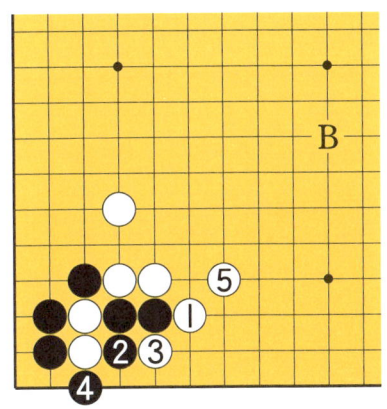

(B) 그림 A의 백1을 이 그림처럼 오른쪽부터 먼저 처리하는 것은 순서가 반대가 되어 좋지 않다.

흑2부터 백5까지 똑같은 결과로 보일지도 모르지만 이 다음,

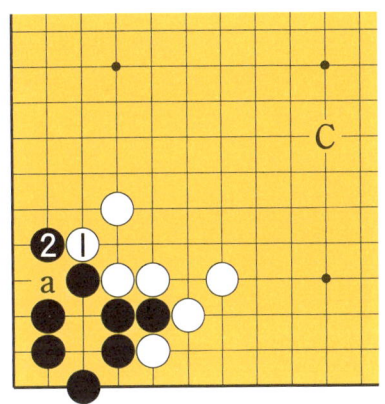

(C) 백이 1에 두어도, 흑은 a로 응수할 필요가 없으므로 당연히 흑2로써 젖혀 온다.

그림 A처럼 흑이 a에 두어야 하는 것과, 이 그림 흑2의 모양을 비교해 보기 바란다. 이 그림 쪽의 흑이 활동적인 모양임을 금세 알 수 있을 것이다.

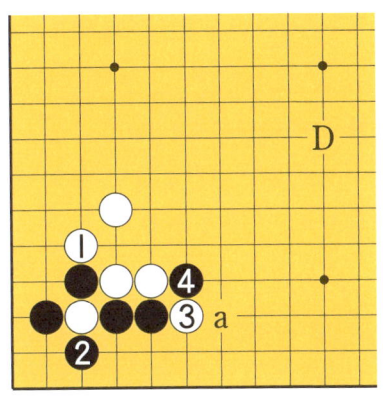

(D) 그림 A처럼 두 점으로 키우지 않고, 이 그림 백1로 '단수'한다면 백은 더욱 나빠진다.

흑2의 다음 백3에는 흑4의 끊음으로 반격당한다. 다음에는 백 a로 뻗어 싸움이지만, 두 군데로 갈라진 백이 불리하다. 이 정도로 이해하고 넘어가기로 한다.

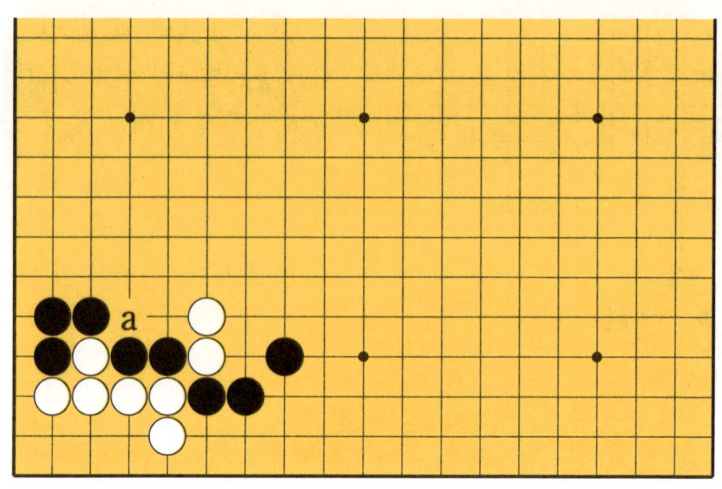

[기본형]

4. 한칸 뜀

● 한칸 뜀의 예

위의 기본형 다음에 백a로 둔다면, 흑 두점이 '단수'로 잡히는 상태이다.

흑이 이와 같은 약점을 보완하면서 이 두 점을 잇기 위해서는 어떻게 두어야 좋을까?

a의 끊어지는 곳을 보강함과 동시에 활동성이 좋은 수를 찾아보기 바란다.

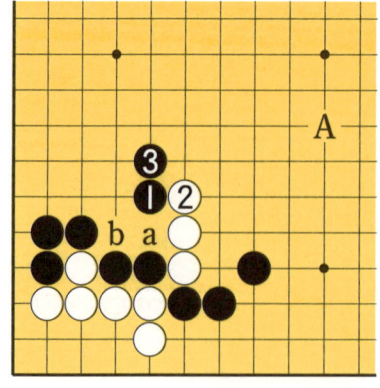

(A) 흑1의 '한 칸 뜀'이 이 모양에서 최선의 '지킴'이다.

백2라면 흑3으로써 흑돌은 중앙을 향해 발전한다.

백이 2로써 a라면 흑b, 또 백b라면 흑a로써 흑은 걱정없다.

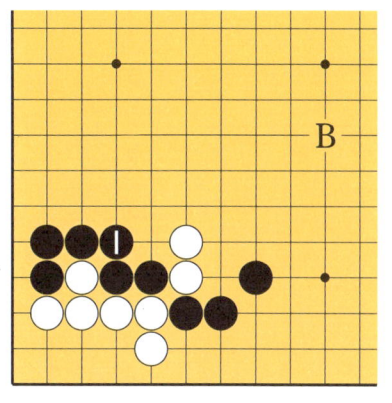

(B) 흑이 1로 이으면 끊어지는 모양의 곳은 완전히 해소되어, 가장 좋은 것처럼 생각될지도 모른다.

그러나 이 모양을 그림 A와 비교해 보기 바란다.

그림 B는 단지 두 점의 돌을 이었을 뿐으로, 발전성이 없을 뿐만 아니라 백에 대한 영향력도 별로 없음을 알 수 있어야 한다.

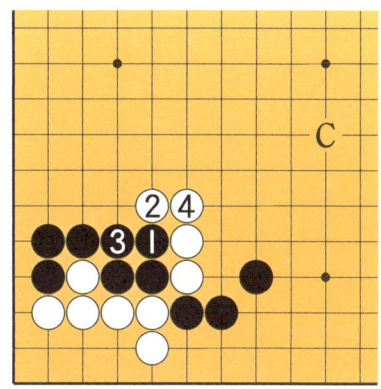

(C) 이번에는 흑1이라면 어떨까? 이 수는 백2의 단수가 선수로 두어지는 게 괴롭다.

백4까지로써 백돌은 중앙을 향해 점점 발전하고 있다.

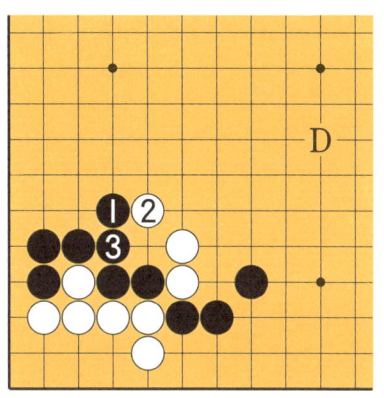

(D) 한편 흑이 1에 두는 것은, 백2로써 흑은 3을 생략할 수 없다. 만일 흑3을 두지 않으면, 이 자리에 백이 두어서 '환격'(먹여치기)으로 흑 두점이 잡히고 만다. 확인해 보기 바란다.

이 그림의 결과도 역시 백이 활동적인 모양이다.

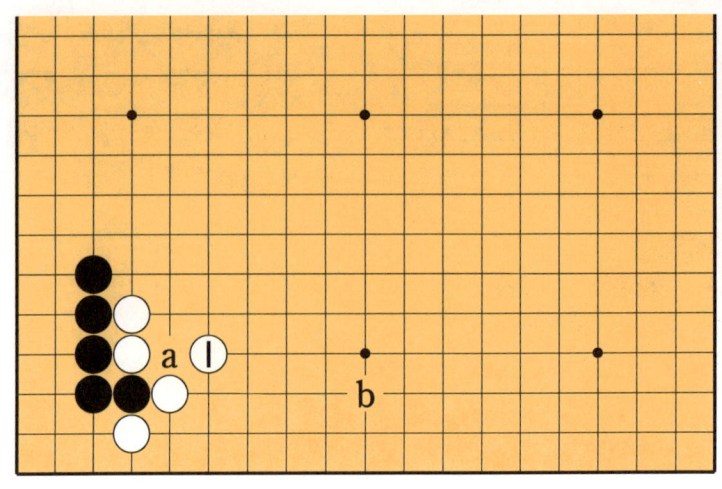

[기본형]

5. 호구 이음

● 호구 이음의 예

위의 기본형에서와 같이 백이 a의 끊어지는 곳을 이을 때, 백1로 두는 수가 '호구 이음'이다.

이 호구 이음은 a의 끊어지는 곳을 지킴과 더불어, '눈모양'이 풍부하고 활동성이 있는 모양이다.

또한 백은 b 방면에도 영향력을 발휘한다.

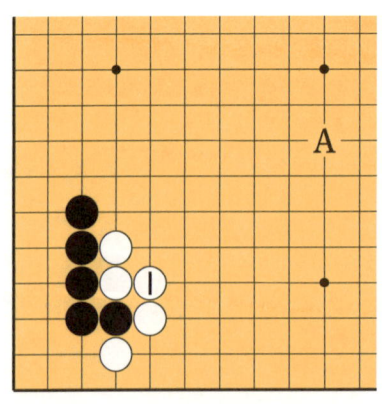

(A) 같은 '이음'이라도 백1로써 직접 잇는다면, 튼튼해 보여도 눈모양이 부족할 뿐 아니라 우측의 발전력도 약해진다.

바둑에서 '일석이조'(一石二鳥) 또는 '일거양득'(一擧兩得 : 한번에 둘을 얻음)의 효과가 있는 것이 좋은 수이다.

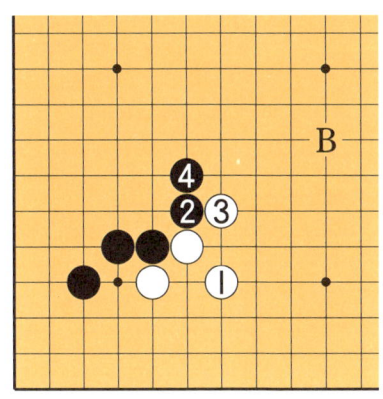

(B) 이 경우에도 백1의 호구 이음이 아주 좋은 수이다.

흑2라면 백3으로 젖혀 여기에도 호구 이음의 모양이 생겨서, 백돌은 전부 강력한 관계를 갖는다.

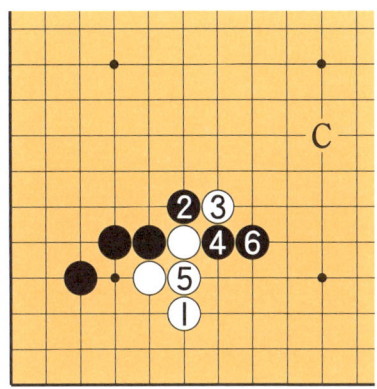

(C) 같은 호구 이음이라도 백1이라면 안 된다.

흑2에 백3이라면 흑에게 4와 6으로 끊겨 반격당하는데다가, 백3을 흑4의 곳에 뻗어도 그림 B와 같은 발전력은 없다.

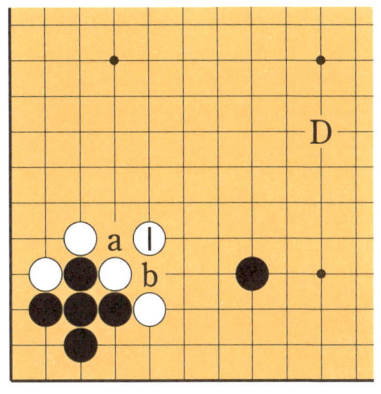

(D) 이 모양도 대표적인 호구 이음의 예이다.

백1로써 a 또는 b 양쪽의 끊어지는 곳을 동시에 지키고 있어, 백의 모습이 이 한 수로 빈틈없는 느낌이다.

이런 수가 바로 일석이조 또는 일거양득의 좋은 수이다.

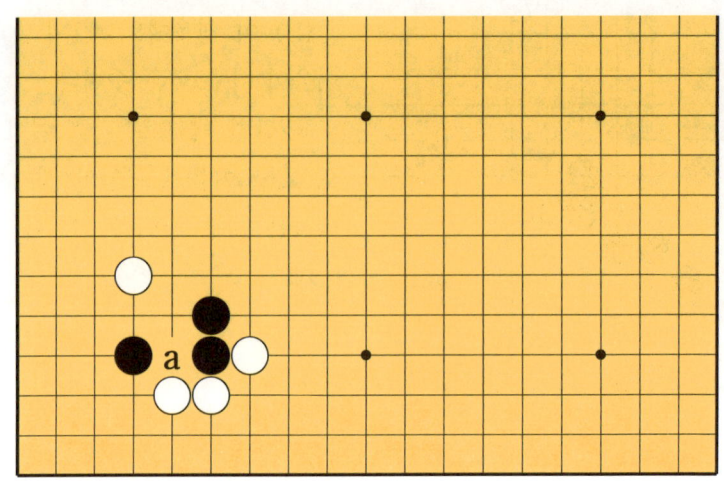

[기본형]

6. 쌍립(雙立)

● 쌍립의 예

위의 기본형은 흑 차례로서, 다음의 한 수는 어디에 두어야 좋은 수가 될까?

물론 이대로 방치하여 백이 a로 나가면 곤란하다는 것을 생각하지 않으면 안 된다.

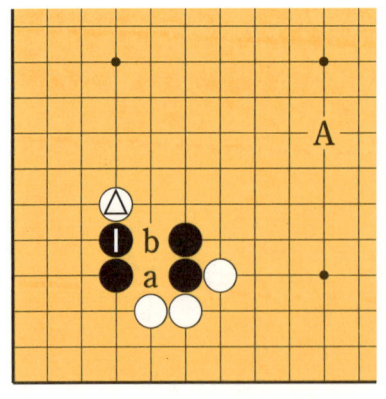

(A) 흑1로써 흑돌은 전체가 이어져 있다. 백a라면 흑b.

흑1의 연결법은 '쌍립'이라고 불리는 수단이다.

이런 경우 ◁의 백에게 헤딩하여 타격을 주고 있는 점이 돌의 가치라고 하겠다.

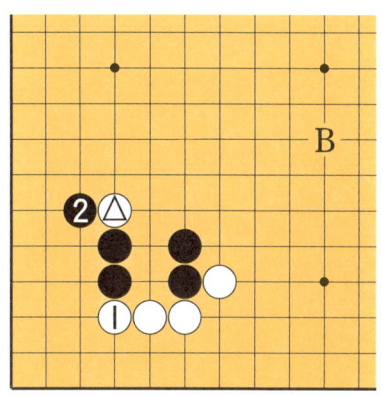

(B) 앞 그림에 이어 백이 1로 귀에 진출하면, 흑2로써 백△의 한 점을 제압하는 요령까지 알아두기 바란다.

백△는 흑에게 완전히 잡히는 상황은 아니지만, 거의 힘을 잃고 있다.

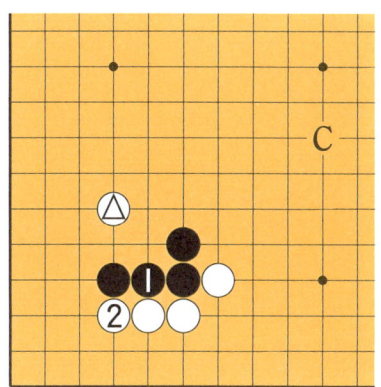

(C) 흑이 1로써 잇는 것은 그림 A의 쌍립에 비해 근본적인 차이가 있다.

백2일 때 흑에게는 △를 제압하는 직접적인 수단이 없다.

흑1은 백△에 직접 타격을 주지 않고 잇는 좋지 않은 수이다.

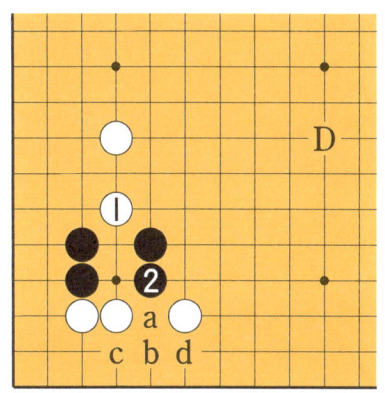

(D) 쌍립의 보기를 하나 더 보여 주겠다.

백1에 흑2가 쌍립이다. 이후 흑a와 백b가 되면, c와 d의 끊어지는 자리가 백의 부담이 된다.

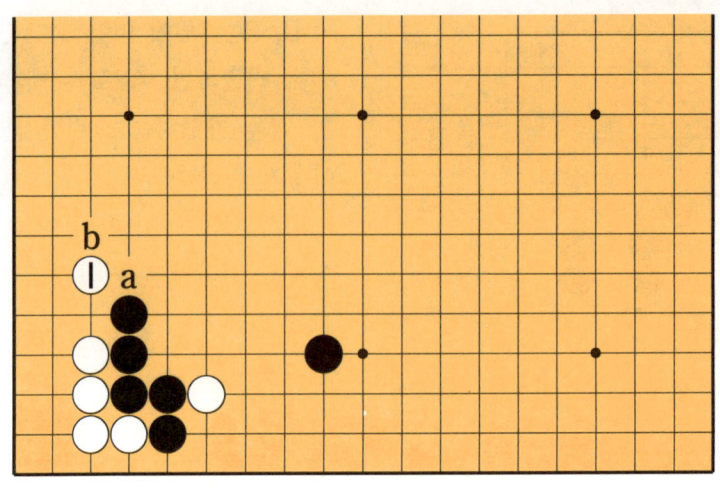

[기본형]

7. 제3선의 한칸 뜀

● 제3선의 한칸 뜀의 예

이 그림은 '화점 정석'에서 나타나는 모양인데, 백이 제3선에서 백 1로 '한칸 뜀'하는 요령을 배워 두기 바란다.

백1의 한칸 뜀에 의해, 다음에 흑a라면 백b로써 먼저 머리를 내밀 수가 있어, 흑으로부터의 압박을 벗어날 수가 있다.

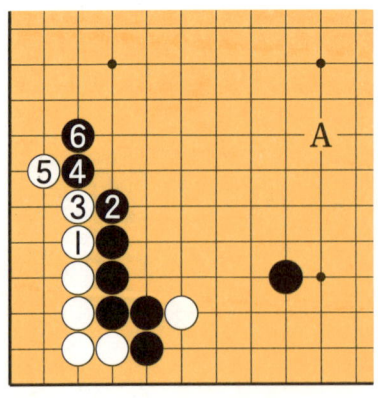

(A) 이 그림처럼 백1과 3으로 일렬로 정직하게 받는다면, 결국 흑으로부터 4로 '다섯점 머리'를 '두들겨 맞게' 된다.

흑6까지 된다면, 백은 좌변에서 완전히 흑에게 봉쇄되어 백의 불리이다.

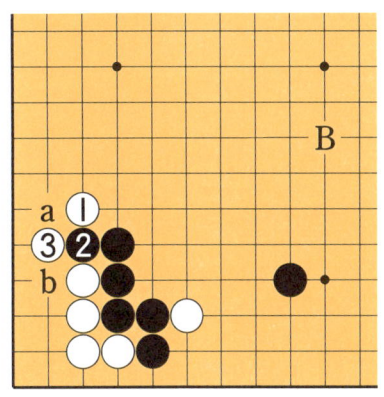

(B) 제3선의 한칸 뜀으로서 주의할 점은, 흑2와 백3이 되었을 때 백의 모양에 a와 b 두 개의 끊기는 자리가 생기는 일이다.

이곳을 끊겼을 경우의 처리 방법을 알고 있어야 한다.

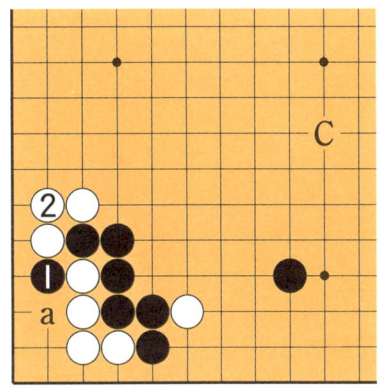

(C) 이 모양의 경우는 흑이 1로 끊어도 백은 2로 받아 걱정이 없다.

이때 백이 2로써 a에 두든가 하면, 흑에게 2의 자리를 끊기므로 각별히 주의하기 바란다.

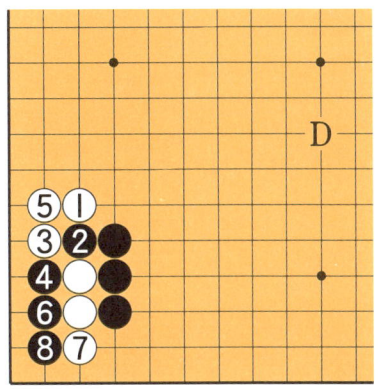

(D) 어느 때라도 한칸 뜀을 할 수 있는 것은 아니다.

이런 모양에서 백1로 두든가 하면, 흑2, 4, 6으로써 백은 절반이나 빼앗기고 만다. 백7이면 흑8까지 귀의 백은 다 죽고 만다.

기본형과 이 그림의 차이를 연구해 보기 바란다.

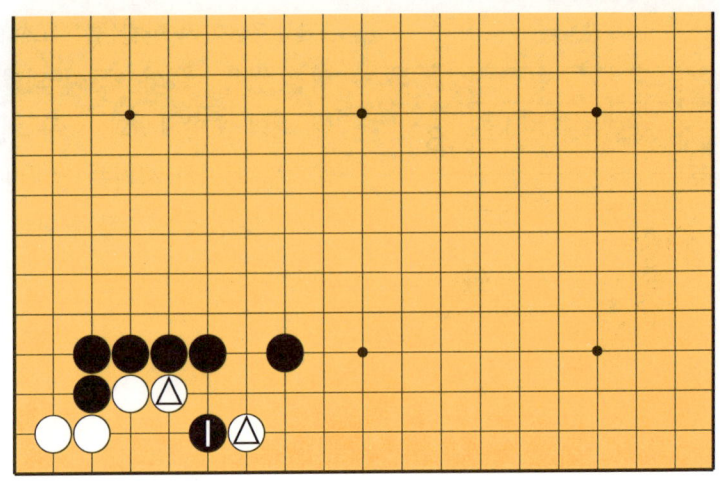

[기본형]

8. 건너붙임

● 건너붙임의 예

바둑에는 "날일자 행마에 건너붙임"이라는 격언이 있다.

위의 그림에서 백△ 두점이 '날일자' 모양인데, 흑부터 1로 두는 게 '건너붙임'이라는 수이다.

이런 건너붙임은 어떤 역할을 하는지 연구해 보기로 한다.

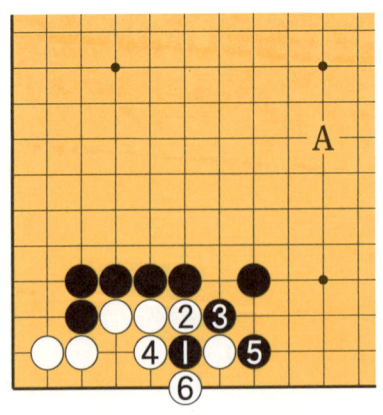

(A) 백돌에 붙여 둔 흑1에 대해 백2는 당연하지만, 여기서 흑3으로 끊는 수가 흑1과의 연계 작전이다.

흑5까지 되어, 백을 완전히 가둘 수가 있다.

이 경우의 건너 붙인 돌은 '버림돌'로 써먹었던 셈이다.

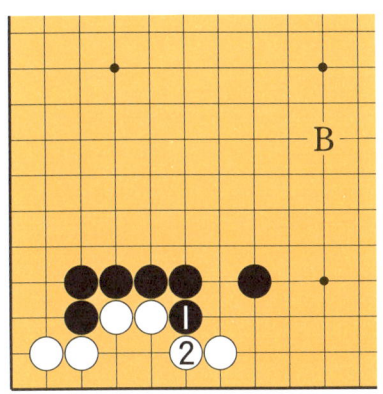

(B) 단순하게 흑1로 나간다면, 백의 날일자 모양의 약점을 눈감아 준 셈이 된다.

백이 2로 응수하면 아무것도 아니다. 흑이 건너붙임의 맥점을 모른 결과이다.

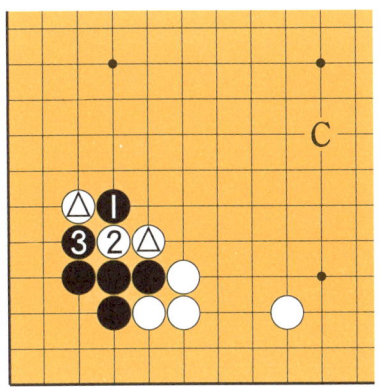

(C) 이 모양도 건너붙임의 예이다. 흑1로 건너붙여서 △의 백돌 절단을 꾀한 장면이다.

백2에는 흑3으로 끊어 목적을 달성하고 있다.

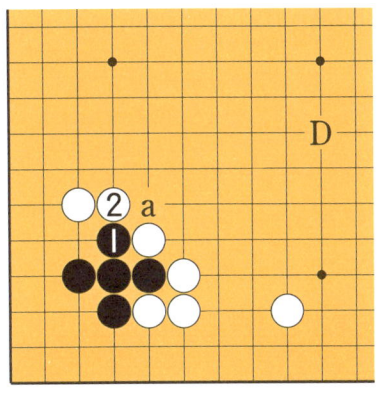

(D) 흑1로 단순하게 두어서 백2일 때 a로써 절단할 수 있을 것 같다고 생각할지 모르지만, 백에 대한 공격력은 그림 C가 단연 앞선다.

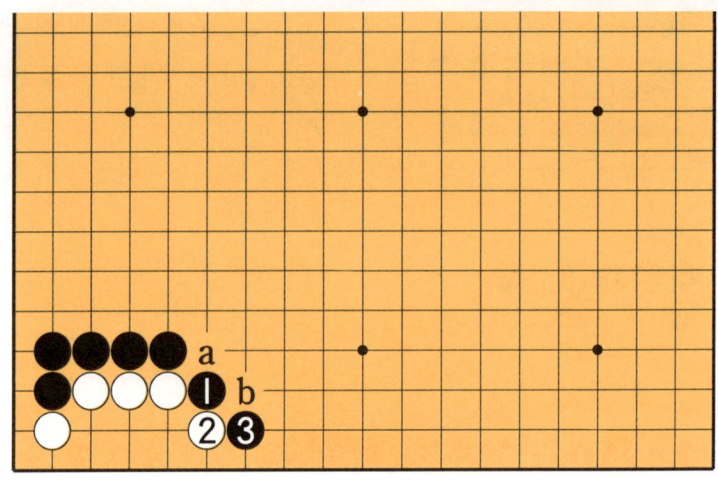

[기본형]

9. 2단 젖힘

● 2단 젖힘의 예

흑이 1로 젖히고, 백이 2일 때 다시 흑3으로 젖힌다. 이와 같은 흑 1과 3이 '2단 젖힘'이라는 수단이다.

a와 b에 끊기는 곳이 있어 불안한 느낌이 들지 모르지만, 흑1, 3은 백 모양의 결점을 찌르는 강력한 맥점이다.

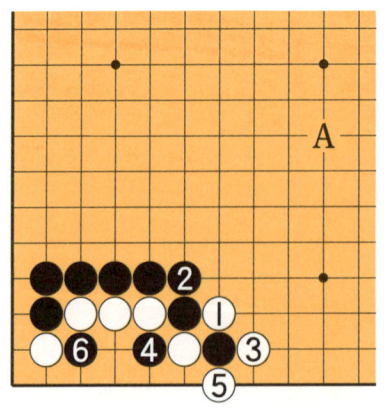

(A) 백이 1과 3으로 흑 한점을 잡으러 오면, 흑4와 6으로 오히려 백 세점을 잡아 버린다.

이 흑4와 6은 흑이 2단 젖힘 했을 때의 '노림수'였던 셈이다.

이처럼 노림수를 미리 예상하면서 행마해 나가는 수단이 필요하다.

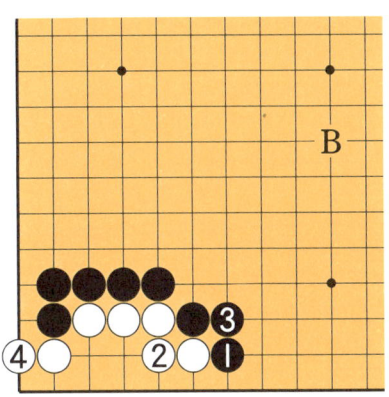

(B) 흑1일 때 백은 그림 A처럼 되면 큰일이므로, 백2로써 무조건 잇는다. 이때 흑도 3으로 끊어지는 단점을 보강하는 것이 좋은 수이며, 백4는 살기 위해 생략할 수 없다.

백을 빈틈없이 귀에 가두어 2단 젖힘의 효과가 뚜렷이 나타나고 있다.

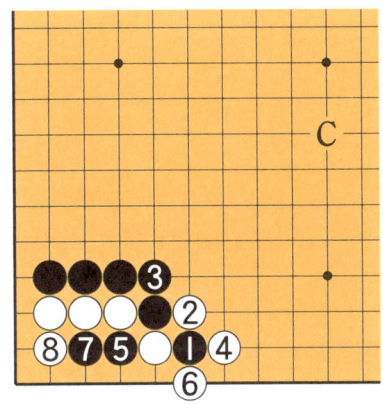

(C) 2단 젖힘을 할 수 없는 예이다. 그림 A와 다른 것은, 흑5와 7로 두어도 귀의 백을 잡을 수 없다는 점이다.

따라서 이때는 흑돌 1은 백2의 자리로 뻗어야 한다.

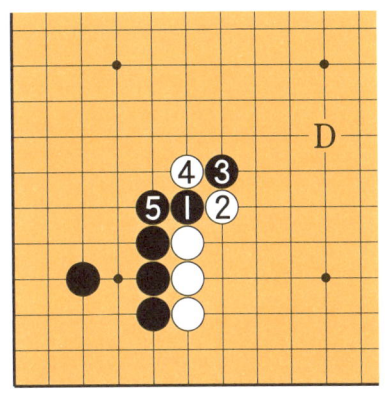

(D) 중앙에서도 2단 젖힘은 자주 사용된다.

흑1과 3으로 2단 젖힘을 하여 흑은 세력을 쌓는 작전이다.

백이 4로 끊더라도 '양단수'가 아니므로 걱정 없다. 흑5로 이어 흑 유리의 싸움임을 알아두기 바란다.

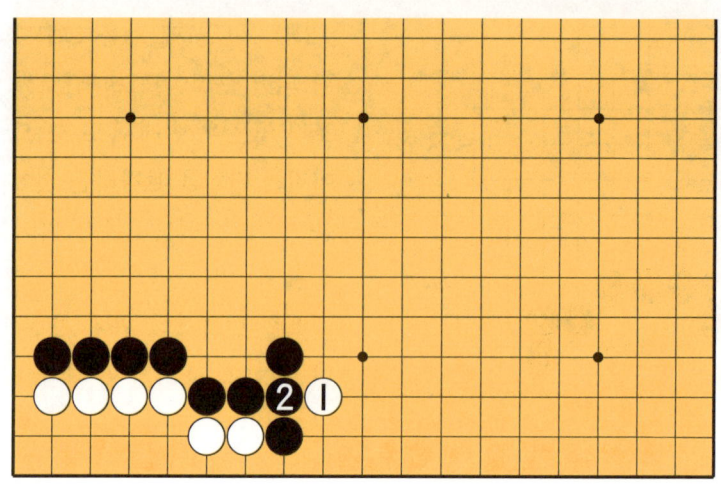

10. 들여다보기

● 들여다보기의 예

이런 모양에서 백이 1로 두고 흑이 '손뺌'하면, 다음에는 끊겠다는 '노림수'가 '들여다보기'이다. 흑도 끊어지면 큰일이므로, 들여다볼 때에 흑2로 무조건 잇는 게 상식이다. 중요한 점은, 들여다본 돌은 장차 무언가의 도움이 되면 좋다는 가벼운 사고방식이다. '없는 것보다는 낫다'는 정도일 것이다. 그러므로 백1의 돌을 계속해서 움직인다는 사고방식이면 안 된다.

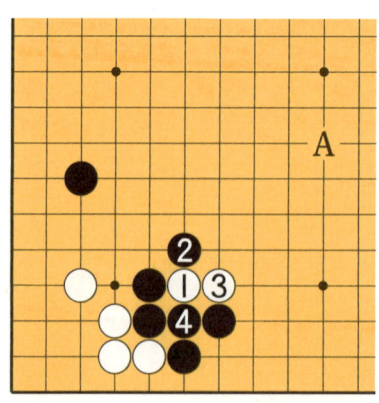

(A) 어떤 때이든 무턱대고 들여다보는 수가 좋다고는 할 수 없다. 이 그림처럼 들여다본 백1의 돌이 흑2와 4로 공격받고 만다면, 오히려 달아나는 데 부담이 되므로 조심하기 바란다. 자신의 약점을 먼저 예상하면서 바둑을 두는 습관을 기르기 바란다.

▦ 연습 문제

(A) 흑 차례이다. 그냥 놔두면 백에게 a로 끊겨 흑 두점이 잡힌다.

(B) 백 차례이다. 여기는 어떻게 두어야 좋을까?

(C) 백 차례이다. 절호의 수를 두어 보기 바란다.

> **토막 상식** ☞ **공제** : 힘이 비등할 때는 흑을 쥔 쪽이 유리하므로, '한판 승부'
> 일 때는 공평을 기하기 위해 흑쪽이 6집 반, 7집, 7집 반 따위의 '공제'(控除
> : 미리 덜어 줌)를 하도록 정해져 있다. 이를테면 '공제 7집'이라고 정했을 때
> 는, 흑이 7집 넘게 차이가 없다면 이기지 못한다. 흑이 딱 7집 많다면 공제
> 를 빼고서 승부 없는 '비김'이 된다. 또 6집 반이니 7집 반이니 할 경우, 실
> 제는 반 집이라는 숫자가 없지만, 이것은 비김을 없애기 위한 방법이다. 공
> 제는 '계가'(計家)한 뒤 뺄셈을 하든가, 공제받는 쪽에 더하기를 하면 된다.

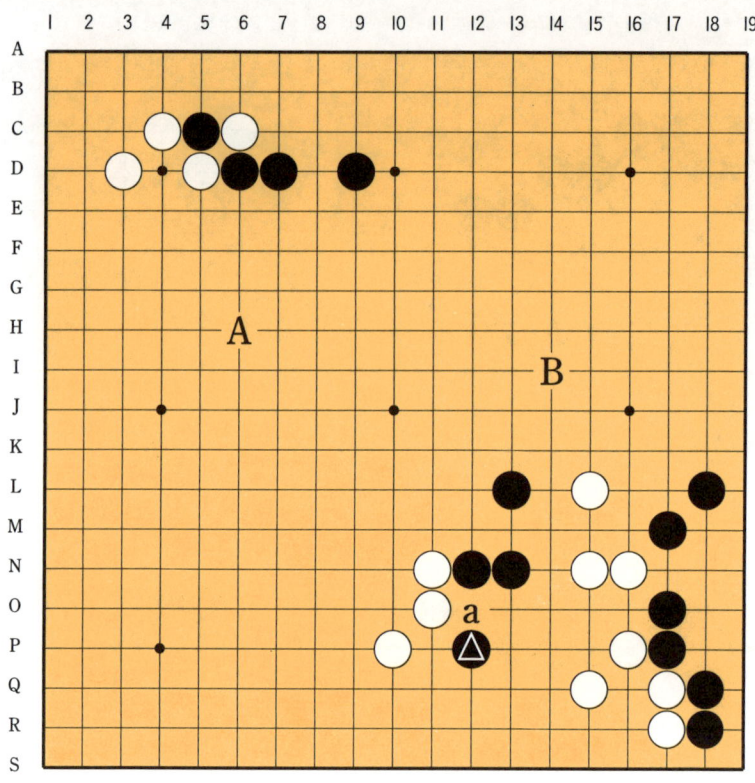

▦ 연습 문제

(A) 흑 차례이다. 어떻게 두어야 하는지 답하기 바란다.

(B) 백이 a로 나가 흑❸를 절단할 염려가 있다. 흑은 어떻게 지키는 것이 최상의 방법일까?

제 3 장

사활의 맥점

돌의 생사, 즉 '사활'(死活)을 분별하고 삶을 도모하는 수단이야말로 바둑의 기본 중의 기본이다.

다시 말하면, '집짓기'의 근본이 '사활의 맥점'이며, 돌의 생(生)과 사(死)는 바둑의 승부를 결정짓는 요소임에 틀림없다.

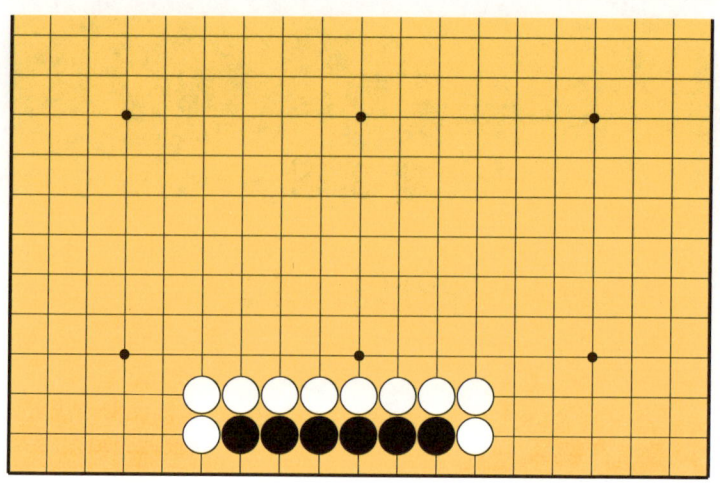

[기본형]

1. 6사 8생(六死八生)

● 6사 8생의 예

살아 있을 돌이 죽어 버리든가, 죽어 있을 돌이 되살아나든가 한다면, 그때까지의 노력은 물거품이 되고 말 것이다. 그런 만큼 사활에 관한 맥점을 배우는 것은, 숙달을 향한 지름길이라고 할 것이다.

그러자면 사활의 기본을 먼저 몸에 익히도록 해야 한다. 위의 기본형은 변의 제2선에서 흑 여섯점이 일렬로 연결되어 있고, 그것을

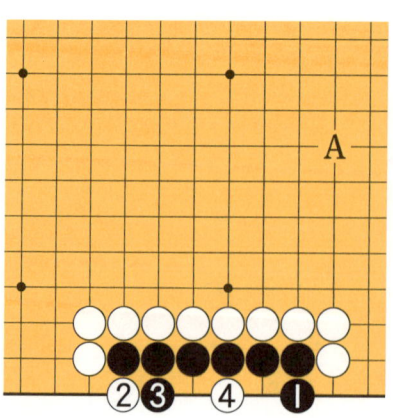

백이 둘러싸고 있는 모양인데, 이 흑의 생사는 어떻게 될까?

(A) 흑은 1로써 살려고 해도 백에게 2의 '젖힘'부터 4로 '치중'(置中)을 당하면 두 눈이 생기지 않는다.

따라서 기본형은 이 상태로도 흑의 죽음이라는 것을 알기 바란다.

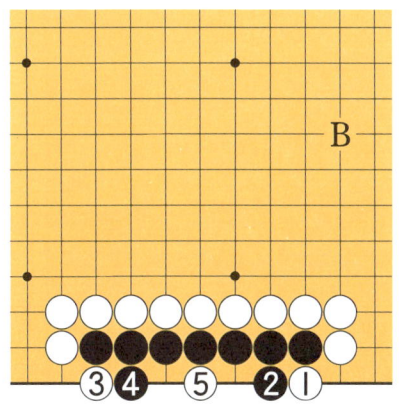

(B) 흑이 한 점 늘어 일곱 점이라면 어떨까?

백부터 먼저 둔다고 하면, 백1과 3으로 젖힌 다음에 백5의 치중으로써 역시 흑이 죽는다.

그러나 이 모양은 흑이 먼저 두면 살 수 있다. 직접 돌을 놓아 확인해 보기 바란다.

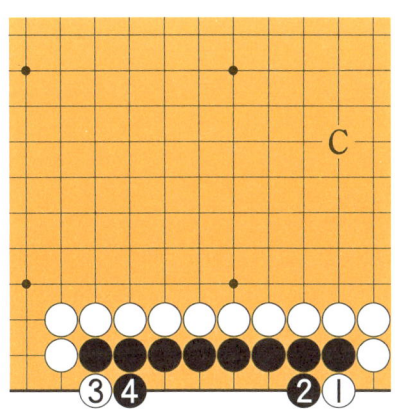

(C) 그림 B보다도 한 점 늘어 흑 여덟점이 늘어서 있다면, 이제는 안심이다. 예를 들어 백이 1과 3으로 두어도, 흑2와 4로 응수하여 산다. 그러므로 제2선에서는 연속 6점으로는 무조건 죽고, 연속 8점이면 무조건 삶이다 ('6사 8생'). 일곱 점일 때는 어느 쪽이 먼저 두느냐가 관건이다.

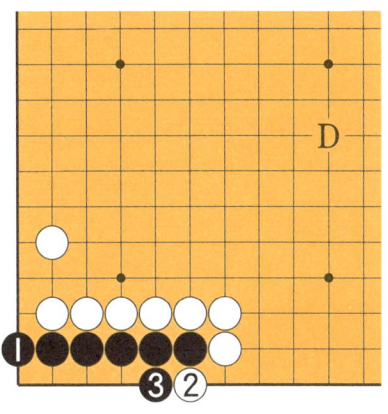

(D) 같은 제2선이라도 귀와 관련되면 어떻게 될까?

흑이 1로 두어 여섯 점을 연속해 놓으면 삶이다. 백2에는 흑3으로써 그림 C와 비슷한 모양이 생긴다. 집을 짓는 경우와 마찬가지로, 사활에서도 '귀'는 유리한 지역이다.

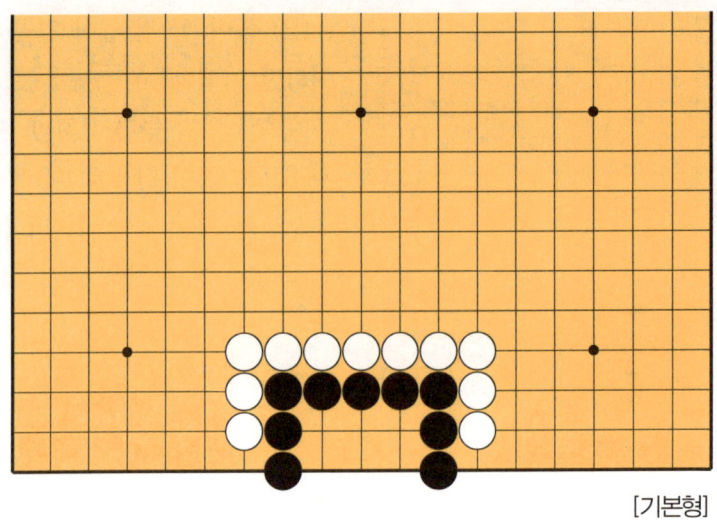

[기본형]

2. 빗꼴 6궁(宮)

🔸 빗꼴 6궁의 예

사활의 기본형을 하나 더 소개하겠다.

위의 기본형처럼 변에서 여섯 점의 집을 에워싸면 삶은 보장된다. 이것이 '빗꼴 6궁'(궁은 집과 같은 의미)이라는 모양으로서, 삶의 기본형의 하나이다.

(A) 그렇다면 정말로 살고 있는지, 백이 선수로서 공격해 보기로 한다.

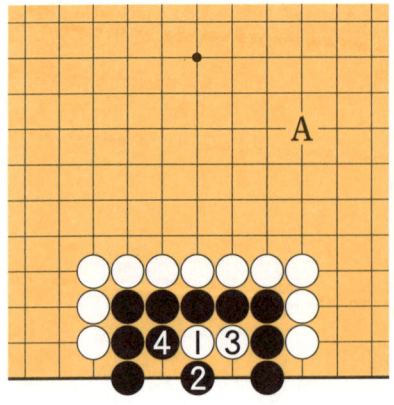

백은 '치중'을 노려 백1에 두어 보지만, 흑의 2가 좋은 수로서 백3에는 흑4로써 백으로서는 어쩔 도리가 없다.

백1로써 흑2의 자리에 둘 경우도 연구해 보기 바란다. 모든 결과가 흑의 삶이라는 것을 알 수 있을 것이다.

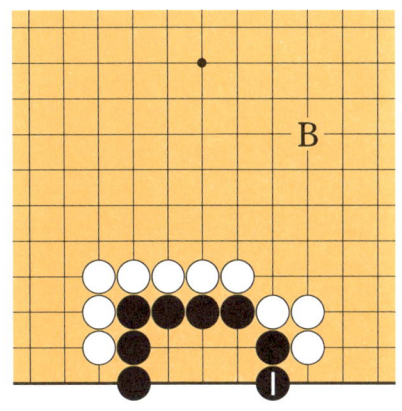

(B) 빗꼴 6궁의 응용 예이다.

이런 모양에서 흑이 살려면 흑 1이 절대의 한 수이다. 이 수로 흑은 여섯 점의 집을 에워싸 기본형과 같아졌다.

이 다음에 실제로 백이 잡으러 와도 사는 수를 확인해 보기 바란다.

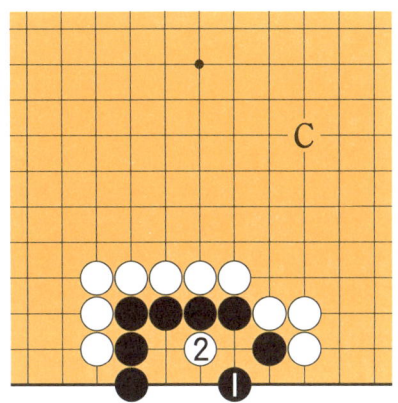

(C) 그림 B 흑1 이외의 수로 서는 살지 못하는 것을 설명하기로 한다.

흑1의 '호구 이음'으로서는 흑 집이 다섯 집밖에 없다.

백에게는 흑 다섯 집의 복판에 백2를 두는 5궁 치중'의 수가 있다. 이것으로 흑 죽음이다.

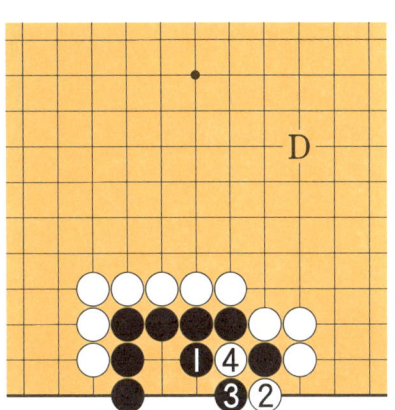

(D) 흑1에 두면 눈모양이 풍부해서 살고 있는 것처럼 보이지만, 그것은 착각이다. 백2와 4로 공격하여, 이 모양은 '패'가 되고 말았다.

패는 '완전한 죽음'은 아니지만, 그림 B와 같은 '무조건 삶'과 비교하면 큰 차이가 있음은 당연하다.

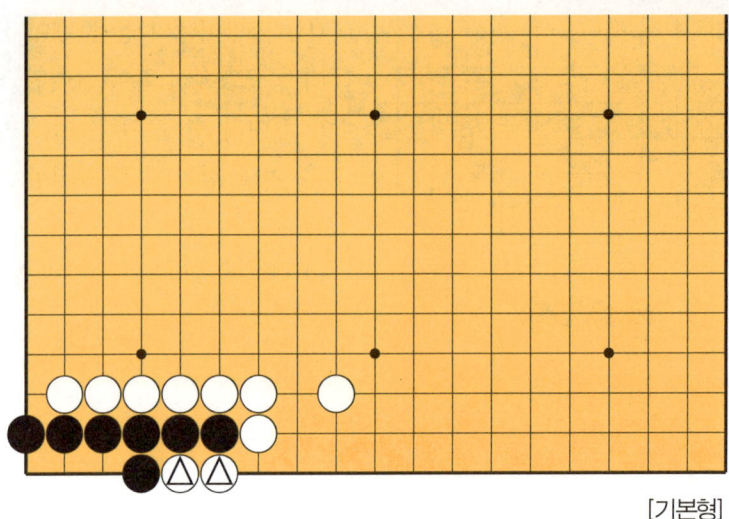

[기본형]

3. 옥집

● 옥집의 예

위의 기본형에서 흑은 귀에 세 점의 집이 있고, 더욱이 백△의 두 점이 '단수'로 되어 있다.

백 차례로서, 이런 흑을 잡자면 맥점의 도움을 빌려야 하는데, 어떻게 두어야 할까?

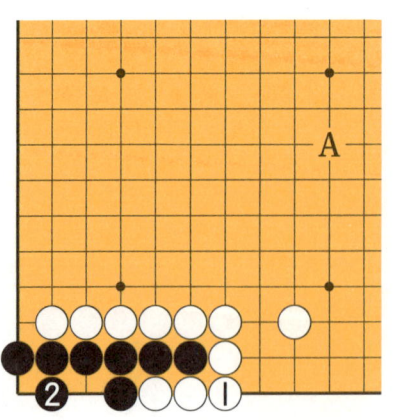

(A) 백이 단수인 두 점을 백1로 이으면, 흑은 2로써 두 눈을 만들어 살게 된다. 이렇다면 맥점이고 뭐고 없다.

여기서는 우선 흑이 두 눈을 만들지 못하도록 막아야 한다.

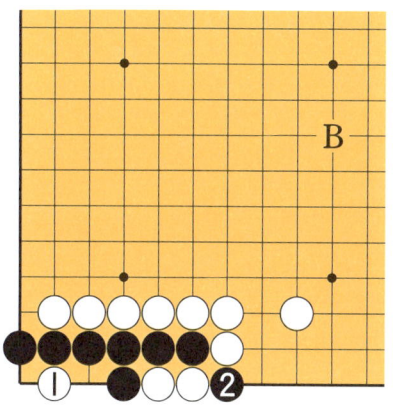

(B) 백이 흑을 잡으러 가기 위해서는, 세상 없어도 백1에 '치중'할 수밖에 없다.

그러면 흑은 2로 백 두점을 따낼 것이다.

백은 여기서 단념해서는 안 된다. 그 따낸 자리를 잘 보기 바란다.

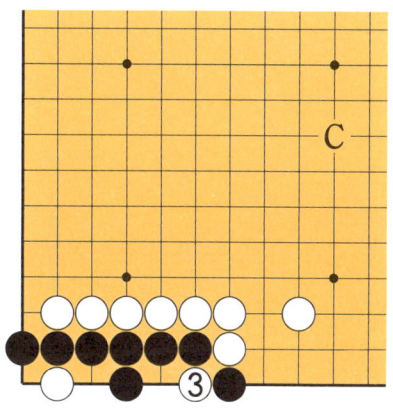

(C) 앞 그림에 이어 백3에 두는 수를 발견한다면 훌륭하다.

이 백3이 '옥집'을 만드는 맥점으로서, 이후 흑은 아무리 바둥거려도 살 수 없다.

흑이 두 눈을 만드는 '급소'(急所)가 바로 백에게도 공격 급소임을 알아야 한다.

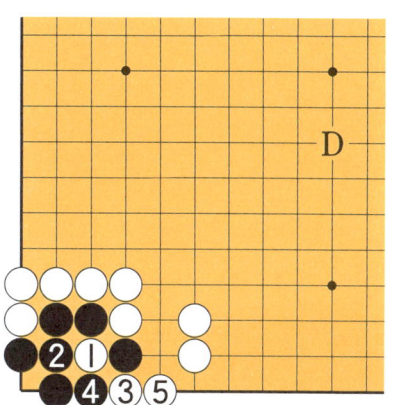

(D) 이 그림은 옥집을 만드는 응용 예이다. 조금 어려울지 모르지만, 이 모양도 백1과 3으로 옥집을 만드는 수단이 있어, 흑을 잡을 수 있다.

이와 같은 상황에서는, 흑4에는 백5가 중요한 수이다. 결국 백1의 자리가 옥집이 된다.

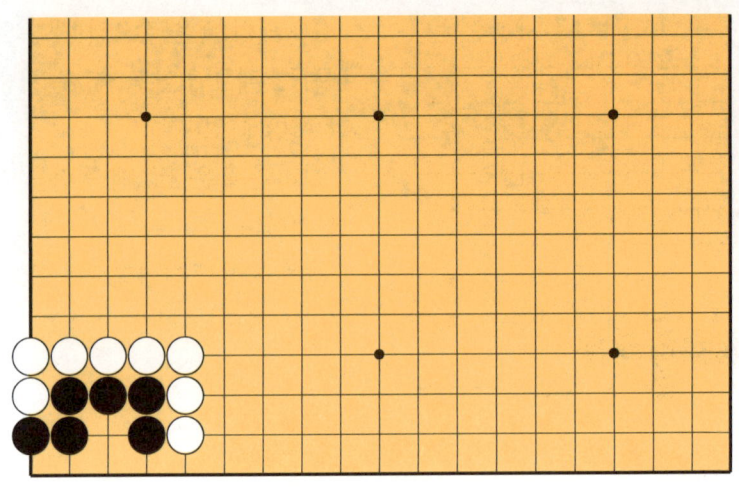

[기본형]

4. 집모양의 급소

●급소의 예

위와 같은 기본형에서, 백 차례로 귀의 흑돌을 잡는 수를 생각해 보기 바란다. 무엇보다도 먼저 상대편 입장이 되어, 흑이 어디에 두면 눈(집)이 생기기 쉬운 모양이 되는가 생각하는 것도 중요한 해결책이다.

즉 상대가 두고 싶은 곳을 방해하는 게 좋은 수단이 된다.

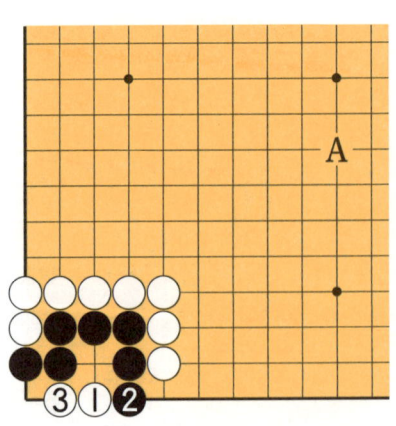

(A) 백1이 쌍방의 절대적인 '급소'이다. 흑이 사는 경우도 이곳에 두면 가장 눈이 알기 쉽게 생길 것이다.

이 백1만 발견할 수 있다면, 나머지는 간단하다. 흑2라면 백3으로 흑 죽음이다.

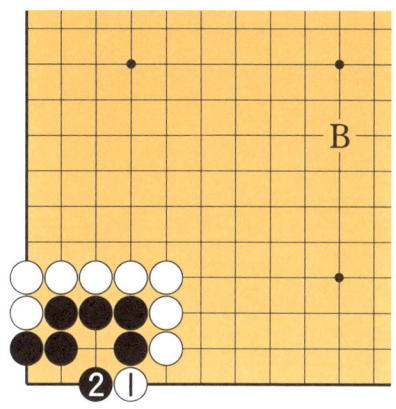

(B) 자칫 백1로 젖힌다면, 흑에게 오히려 삶을 제공하는 결과가 된다.

흑이 2로 두고 난 후에 급소를 깨닫는다면, 백은 너무도 주의력이 모자랄 뿐이다.

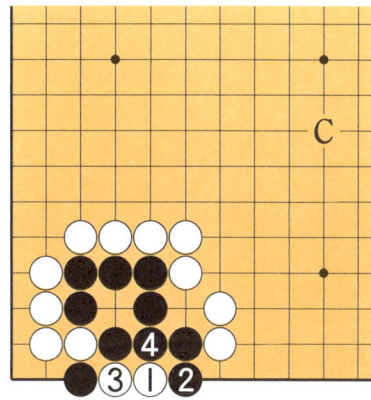

(C) 기본형과 조금 다른 모양을 하고 있지만, 눈모양의 급소에 두는 맥점은 같다.

백1이 그런 급소로서 흑2라면 백3이 앞에서 배운 옥집으로 만드는 맥점이다.

흑4로 따냄을 당한 뒤, 백은 3의 자리에 두는 것을 잊지 않도록 해야 한다.

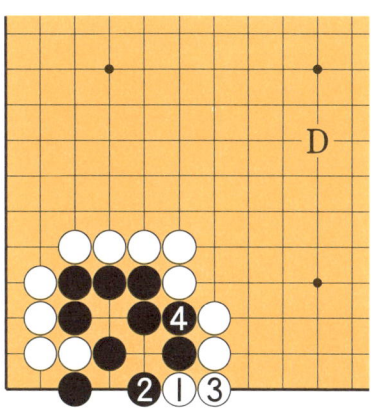

(D) 백1이라면 흑2로써 급소에 흑돌을 놓게 되어 자연스럽게 살게 된다. 흑4까지 완전한 삶이다.

실전에서도 집모양의 급소를 구별할 수 있도록 훈련을 쌓기 바란다. 바둑에서는 돌의 모양이 사활에 있어서 매우 중요하다. 돌의 모양에 따라 급소가 달라지기 때문이다.

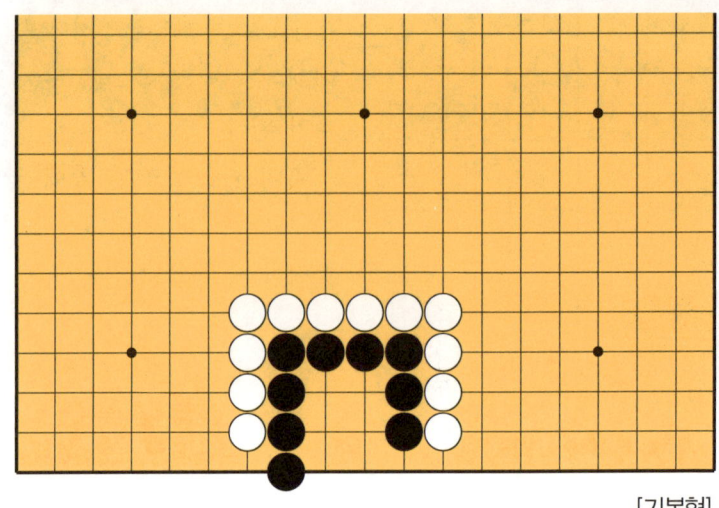

[기본형]

5. 젖혀잡기

● 젖혀잡기의 예

위의 기본형과 같은 국면에서, 백 차례로 흑을 잡는 수단을 생각해 보기 바란다.

흑돌의 모양은 여섯 점의 집을 가진 '빗꼴 6궁'과 비슷하지만, 아직은 완전하지 않다.

백은 흑의 그 결함을 어떻게 공격하느냐 하는 것이 과제이다.

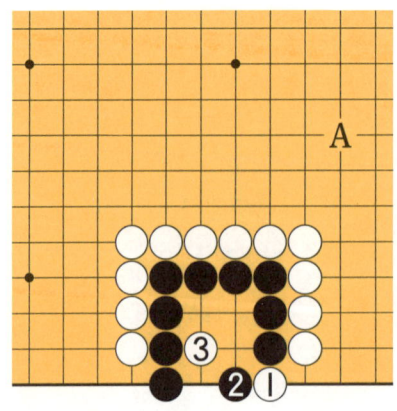

(A) 백1로 젖히는 것이 이런 흑을 잡는 단 하나의 수단이다.

흑2라면 백3의 '5궁 치중'으로 흑을 죽음으로 이끌 수가 있다.

먼저 젖혀 상대편 집을 줄인 다음에, 눈(집)을 없앤다. 이런 작전이 '젖혀잡기'의 맥점이라고 기억하기 바란다.

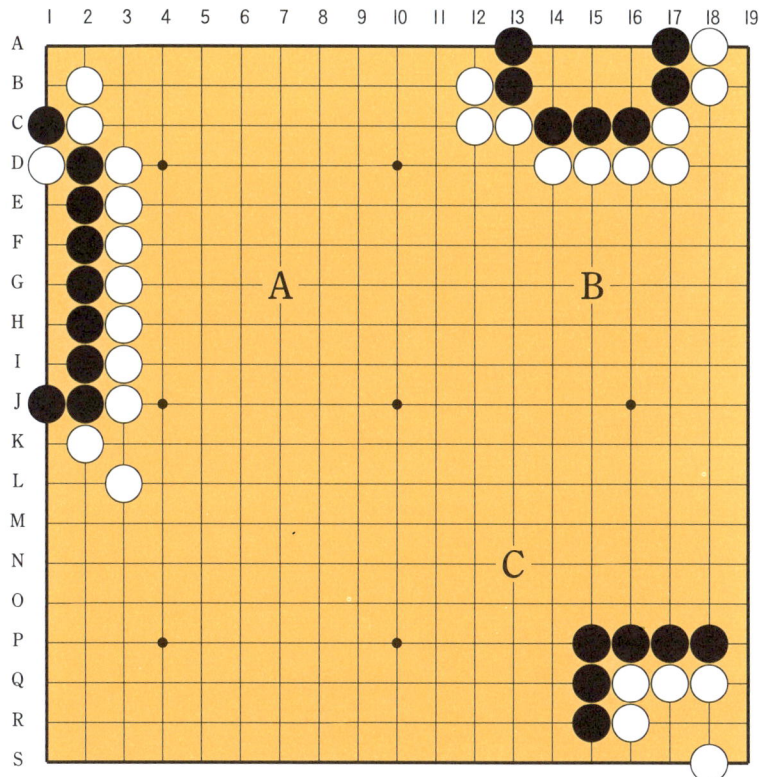

연습 문제

(A) 백 차례이다. 흑돌을 잡는 수는 무엇일까?

(B) 흑 차례로, 살리면 어디에 두어야 할까? 정답은 두 가지인데, 어디일까?

(C) 흑 차례이다. 백을 잡으려면 먼저 어디에 두어야 할까?

> **토막 상식** ☞ **계가와 불계승** : 바둑이 끝나면, 서로 "끝났지요?"라고 확인하고서 '공배'(空排)를 번갈아 메운 다음, 서로 상대편 집을 정리하여 계산한다. 그 결과 어느 쪽이 몇 집 이겼는지 정확히 안다. 이런 것이 '계가 바둑'이다.
> 한편 바둑을 두는 도중에 확실히 졌다고 생각하면 '돌을 던져도'(패배를 인정하고 바둑을 포기함) 상관없다. 그때는 "둘 데가 없습니다." 또는 "졌습니다."라고 말한다. 이런 바둑이 '불계 바둑'이며, 이긴 쪽이 '불계승'했다고 한다.

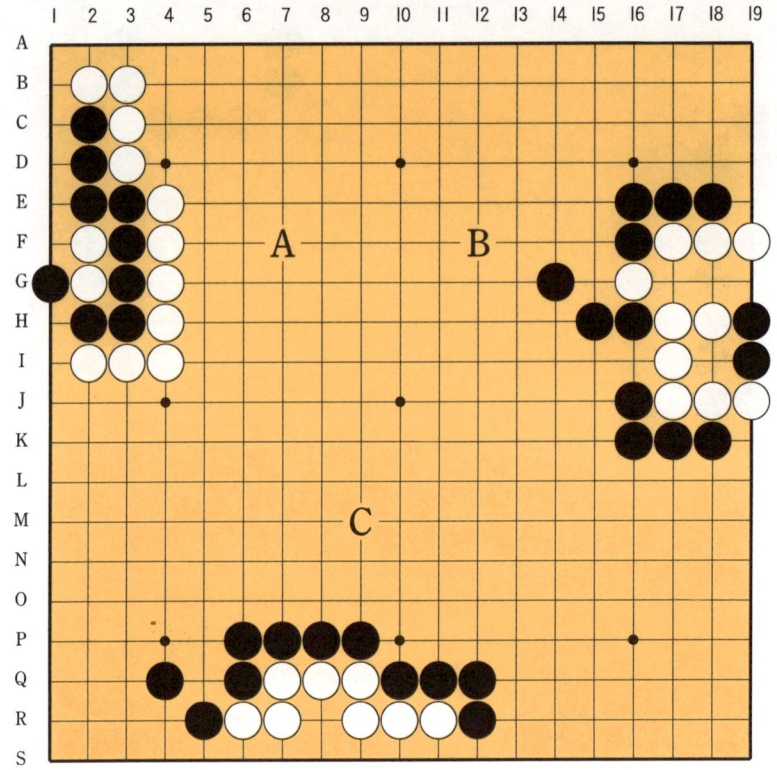

▦ 연습 문제

(A) 백 차례이다. 흑을 잡는 수가 있을까?

(B) 흑 차례이다. 어디에 두면 백이 죽을까?

(C) 흑 차례이다. 백을 잡는 '급소'의 한 수는 어디일까?

제 4 장

끝내기의 맥점

자신의 집을 다소라도 더 확보하는 동시에, 상대의 집을 조금이라도 더 삭감하기 위한 수단이 '끝내기'이다.

바둑의 종반(終盤)에 이루어지는 '끝내기의 맥점'을 충분히 이해함으로써 마지막 '계가'를 유리하게 이끌어갈 수 있다.

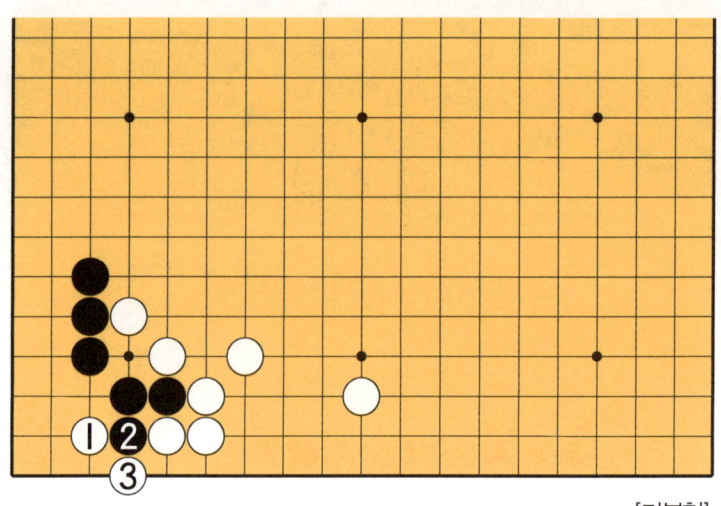

1. 한칸 뛰어들기

● 한칸 뛰어들기의 예

위의 기본형에서와 같이 귀의 흑집에 대해 백1로써 한 칸으로 뛰어드는 것은 '끝내기'의 좋은 수단이다. 흑2로 뚫으려 해도 백3으로 받아, 백은 제대로 연결되므로 만족이다. 백1에 앞서 흑이 2의 자리에 막았다면, 귀의 흑집은 확보되었을 것이다. 그렇게 되었을 경우와 비교하면, 백1은 큰 끝내기임을 알 수 있을 것이다.

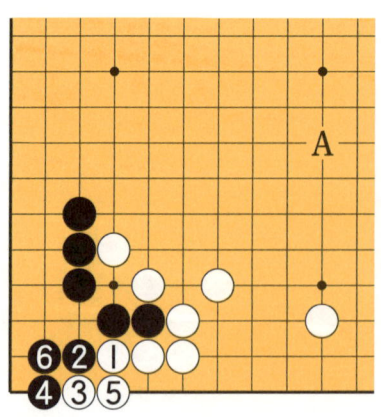

(A) 같은 끝내기라도 백1로 점잖게 나아가는 것은 흑2로 알맞게 제지되어, 이하 흑6까지 파고들더라도 기본형에 비한다면 백이 불충분하다. 바둑에서는 끝내기의 득실에 따라서 전체 승부가 좌우되기도 하므로, 그냥 지나치기 쉬운 맥점을 찾는 데 날카로운 사고력을 요한다.

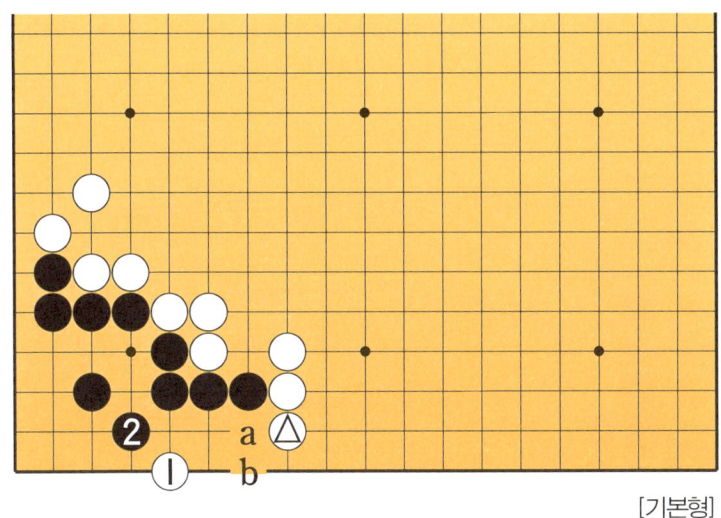

[기본형]

2. 비마(飛馬)

●비마의 예

백△부터 백1의 1선에까지 눈목자 모양으로 미끄러지는 수단이 있다. 이른바 '비마'라고 부른다. 흑a에는 백b로 백△와 백1이 연결되어 가는 것을 확인해 보기 바란다. 흑은 2 정도로 받아야 하지만, 이 결과만으로서 이미 백은 득을 보고 있는 셈이다.

흑이 먼저 둔다면 a의 '누름'인데, 이럴 경우 흑집은 기본형과 비교해서 대여섯 집 늘게 된다.

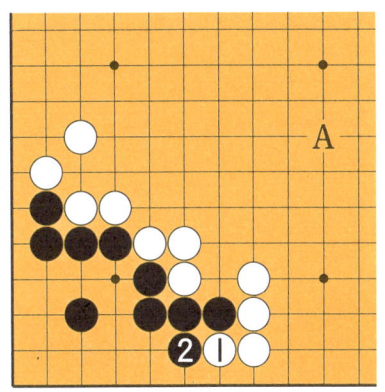

(A) 이 그림의 백1은 결코 능숙한 끝내기 수단이라고 할 수 없다. 흑2로 누른 모양을 기본형과 비교해 보면, 흑집의 감소가 적다는 것을 알 수 있다.

역시 기본형의 비마가 가장 효과적인 백의 끝내기 수단임을 알 수 있다.

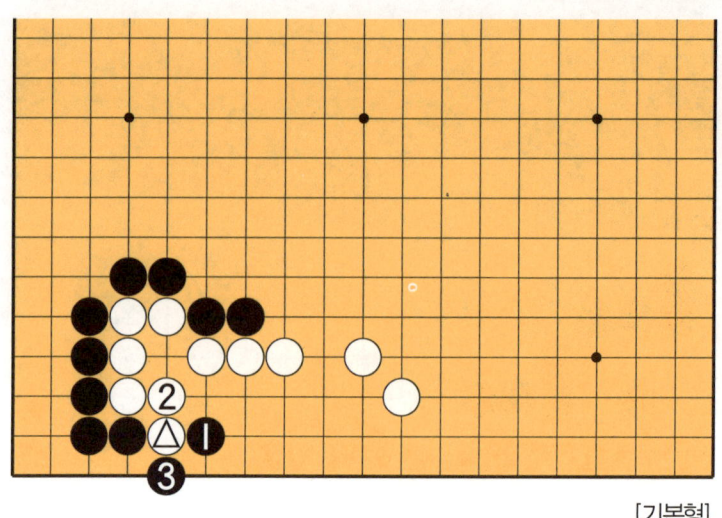

3. 껴붙임

●껴붙임의 예

흑1로써 백△의 옆구리에 붙이는 수단이 '껴붙임'이다. 얼핏 보아 무모한 것 같지만, 이 모양에서는 훌륭한 끝내기의 맥점이다. 백은 2로 잇고, 흑은 3으로 연결한다.

보통의 경우에는 흑1로써 흑3의 곳에 두겠지만, 그러면 백은 흑1로 받는다. 이에 비해 흑1과 3의 맥점은 백의 집을 크게 파괴하며 활

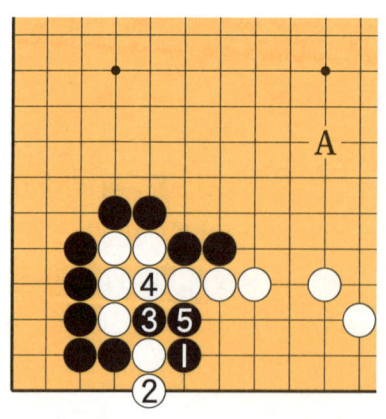

동하고 있다. 흑1에 대해 백은 왜 2로 받아야만 할까?

(A) 흑1일 때 백2로 연결을 끊는다면? 여기에는 흑3의 '끊음'이 준비되어 있다. 백4로 이을 때 흑도 5로 '단수'를 이으면 백의 두점을 잡게 된다.

따라서 기본형에 비해 백의 대손해임을 알 수 있다.

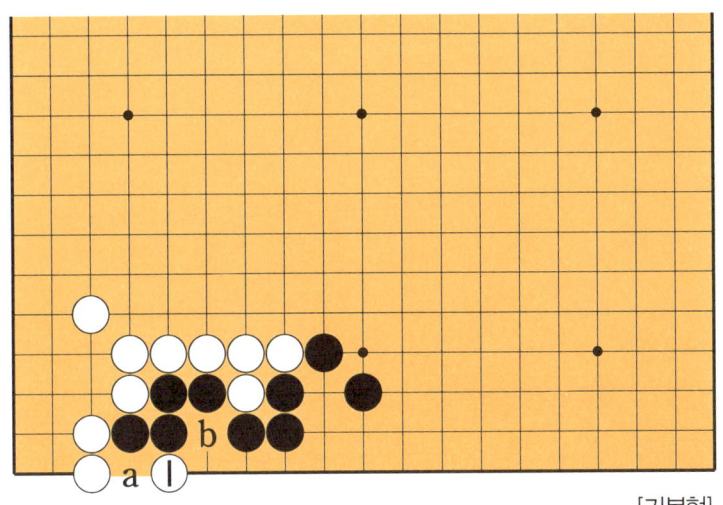

[기본형]

4. 붙임

붙임의 예

바둑은 한 집 차이라도 진 것은 진 것이다. 그러므로 자질구레한 부분에도 주의하여 좋은 수단을 발휘해야 한다.

백1은 커다란 통쾌감은 없어 보이지만, '끝내기'의 짜릿함을 맛보게 해주는 맥점의 하나이다. 이 수에 대해 흑a로 두지 못함을 확인하기 바란다. 백1 다음에 흑b라면 백a로 이으면 된다.

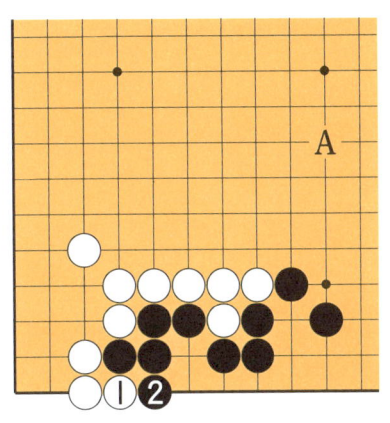

(A) 주의력이 모자라면 기본형의 맥점을 발견하지 못할 것이다.

백1로 파고드는 수는 누구든지 둘 수 있는 수단이므로 칭찬할 것이 못된다. 흑2로써 받으면 그뿐이다. 이 그림과 비교해서 기본형은 흑집을 더 잠식하고 있음을 알기 바란다.

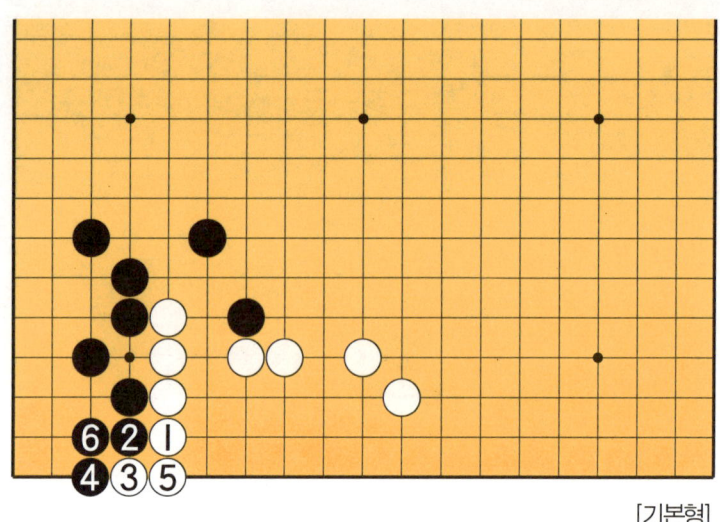

[기본형]

5. 선수(先手)

● 선수의 예

어떤 부분의 응수가 일단락되고, 다음 번 차례를 가진 편이 '선수'를 잡고 있는 것이고, 둘 차례가 그 다음에 있는 편은 '후수'(後手)가 되는 셈이다. '끝내기'는 서로 두고 싶은 곳이 많아 '빠른 자가 이기는' 것이므로, 선수를 놓치지 않도록 하는 게 중요하다.

백1부터 5까지가 선수를 놓치지 않은 끝내기 수단의 한 예이다. 최

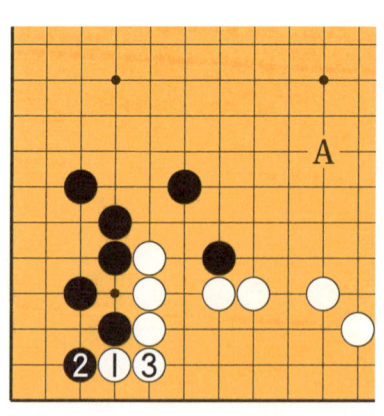

후의 흑6으로 받아 주어야 하므로, 백은 다른 방면의 끝내기로 갈 수 있다. 흑이 2를 '손뺌'하는 것은, 백이 흑6의 곳에 뛰어들게 되므로 흑이 곤란하다.

(A) 기본형과 달리, 백1과 3으로 끝내기하면 이것으로 일단락되어, 백은 선수를 잃게 된다.

🔳 연습 문제

(A) 백1일 때, 흑2의 누름은 위험한 수이다. 백에게 어떤 수단이 있을까?

(B) 이 백집은 완전하지 못하다. 흑에게 어떤 수가 있을까?

(C) 백 차례이다. 이 흑집에 대해 어떤 수가 있을까? 귀를 유심히 보기 바란다.

p. 88 : (A) 6-D (B) 16-E (C) 13-P

p. 109 : (A) 6-B (B) 8-Q (C) 14-O

p. 110 : (A) 5-B (B) 14-P

p. 121 : (A) 1-H (B) 15-A, 15-B (C) 19-R

p. 122 : (A) 1-C (B) 17-G (C) 8-S

p. 129 : (A) 2-D (B) 18-I (C) 2-R

3

실전 코스

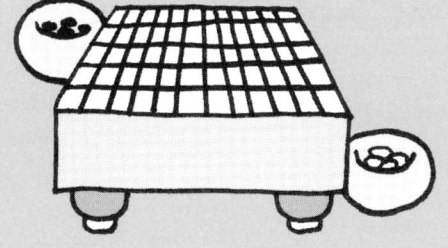

제 1 장

쫓고 쫓기는 대접전

예컨대, A군과 B군의 대국이다. 두 사람 모두 바둑을 3년 정도 배워, 기력(棋力 : 바둑 실력)은 '1급' 정도이며, 실전 경험을 계속 쌓으면 '초단'이 되는 일도 머지 않았다고 본다.

'돌을 쥐어' 그 결과로 A군이 흑돌을 잡고, '여섯 집 반'의 공제를 하기로 결정했다.

이 바둑은 처음부터 싸움이 시작되어, 잡느냐 잡히느냐의 불꽃튀기는 국면이 전개되어 갔다.

이제부터 두 사람의 실전을 살펴보기로 한다.

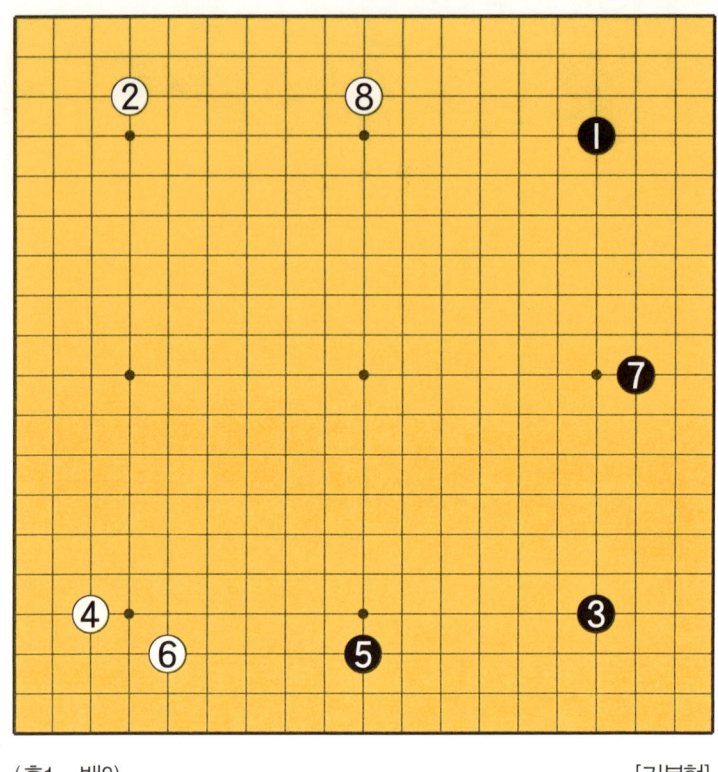

(흑1～백8)   [기본형]

【 제1보 】

● 화점과 소목의 굳힘

흑1부터 백4까지, 우선 서로가 빈 귀를 차지한 것은 '포석'(布石)의
원칙에 충실하다.

흑5로 벌렸지만, 이 수로써 좌상귀 또는 좌하귀의 백에 대해 '걸침'
을 두는 것도 효과적이며 일반적이다. 말할 것도 없이 걸침은 상대
편의 '굳힘'을 방해하는 수이기도 하다.

여기서 굳힘에 관해 덧붙이고 싶은 말이 있다.

굳힘은 소목, 고목, 외목의 경우에 특히 효과가 있고, 화점 및 3·

삼일 경우는 효과가 약간 떨어진다는 점을 알아 두기 바란다.

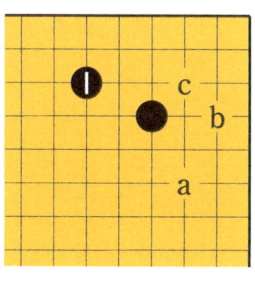

[참고도 A]

어떤 장소를 혼자서 지킬 경우와 둘이서 지킬 경우의 차이를 생각해 보기 바란다.

혼자서 지킬 때는 사방팔방에 눈이 미치도록 중앙 부근에 위치하는 것이 좋다.

둘이서 지킬 때는 "자네는 오른쪽을 부탁하네. 나는 왼쪽을 주의할 테니" 하고 적당한 간격을 두고서 지킬 것이다.

화점이나 3·삼은 귀의 중심점이므로, 위의 예에서 혼자서 지키기 위한 위치라고 하겠다.

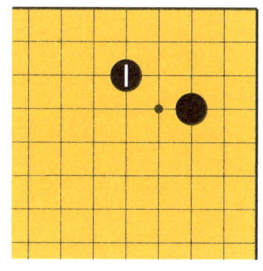

[참고도 B]

참고도 A 화점에서 '날일자 굳힘'한 모양인데, 이 그림이라면 아직도 a 방면에 틈이 생겨서 상대편으로부터 b 또는 c로 침입할 여지가 있다.

둘이서 지켰는데 아직도 틈이 있다는 것은 좀 불만이지 않겠는가.

처음에는 혼자서 지킬 작정이었는데, 도중에 한 사람이 더 참가했기 때문에 오히려 어중간한 모양이 되었던 셈이다.

참고도 B 소목일 경우는 둘이서 귀를 지킨다는 전제이므로, 흑1로 굳힘을 두면 빈틈없는 모양이 된다. 굳힘이 이상적인 모양이라는 것은, 상대편에서 보아 '걸침' 또한 큰 수가 될 것이다.

이상의 이유로서, 화점 및 3·삼은 다른 귀의 요소보다 굳힘의 강도에서 약간 뒤진다는 것을 알기 바란다. 따라서 화점 및 3·삼에 둔 쪽은 굳힘을 뒤로 돌리고 상대편 소목에 걸치든가, 혹은 큰 '벌림'을 먼저 두는 게 상식적인 사고방식이 된다.

그럼 기본형으로 돌아가서, 백8까지의 진행은 그런대로의 포석이라고 하겠다.

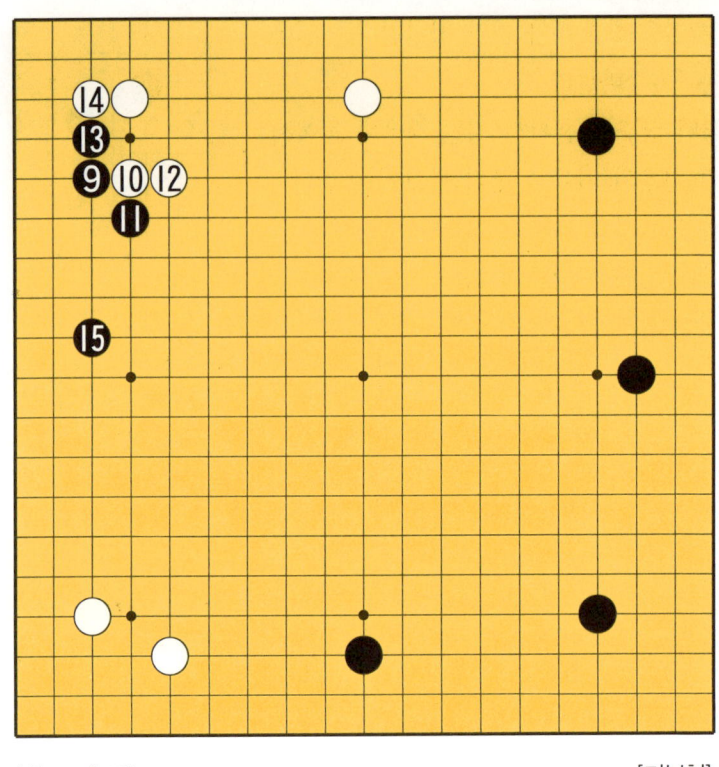

(흑9~흑15)   [기본형]

【 제2보 】

● 목적을 뚜렷이

흑9의 '걸침'은 좋은 수이다. 또는 우측(백10의 자리)의 높은 걸침도 좋다. 어쨌든 좌상귀의 걸침이 이 시점에서는 최선이라고 하겠다.

백10으로 붙이고, 흑11일 때 백12로 뻗은 것은 '화점 정석'에 나오는 '붙여뻗음'과도 비슷한 수단이고, 이 경우도 나쁘지 않다. 하나의 정석을 배웠다면, 이렇게 응용해 보는 것도 대단히 좋은 일이다.

또 한 가지 칭찬하고 싶은 것은, 백10과 12에 의해 상변에서 집을 만들고자 하는 목적이 뚜렷하다는 점이다.

백10의 수로써 **참고도 A**의 백1로 지키는 것도 하나의 사고방식이지만, 다만 '지킨다'고 하는 단순성이 마음에 들지 않는다.

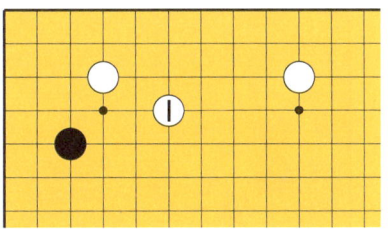

[참고도 A]

기본형의 백10과 12쪽은 흑돌에 도전하는 척하면서 상변을 지키고 있어서, 이런 뚜렷한 작전이 약간 고급스런 기술이라고 하겠다.

더욱 고급스런 기술을 찾는다면, **참고도 B**의 백1과 같은 협공이다.

흑2로 달아났을 때 백3으로 공격한다. 공격하면서 상변은 자연히 집으로 굳어져 간다.

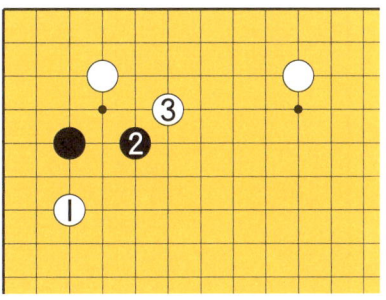

[참고도 B]

이 같은 생각을 할 수 있게 되면 만점이다.

참고도 B를 참고도 A와 비교해 보기 바란다. 참고도 A의 백1은 자못 의도적인 '지킴'인데, 참고도 B의 백1과 3은 아주 자연스럽다. 어느 틈엔가 집이 이루어

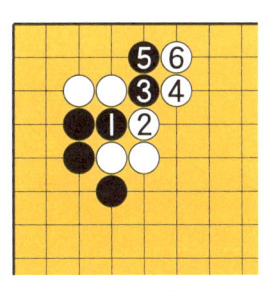

[참고도 C]

진다는 행마법이다. 이런 요령을 잘 터득해 주기 바란다.

참고도 C 붙여뻗음 정석'에서는 흑1과 3의 수단이 상당히 큰 연구 과제이지만, 화점의 경우와는 달리 이런 소목 모양에서는 흑이 간단히 실패한다. 백이 4에서 6으로 눌러, 흑 두점은 살지 못한다.

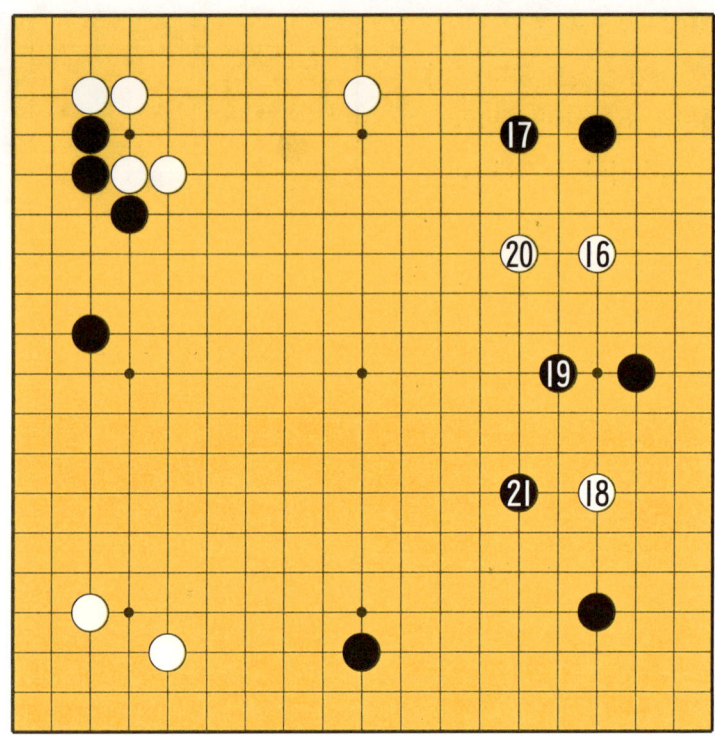

(백16~흑21)   [기본형]

【 제3보 】

● 욕심이 앞선 생각

　백이 16으로써 어디에 두는 게 좋은가는 매우 어려운 판단이다. 아마도 대국자 역시 망설임 끝에 백16을 두었을 것이다.

　결론을 말하면, 이 백16은 성급한 수였다. 우변 전체가 흑집이 될까봐 불안하여 재빨리 흑진 가운데로 뚫고 들어간 셈이다.

　여기서 바둑의 기본적인 개념을 생각해 보라고 주문하고 싶은바, 바둑은 번갈아 두는 이상 상호간에 같은 정도의 집이 생기는 것은 당연하다. 이와 같은 진행 속에서 상대편이 조금이라도 '군더더기 수' 를 두었을 때나, 또는 허점이 보이는 수를 두었을 때, 그것을 응징하

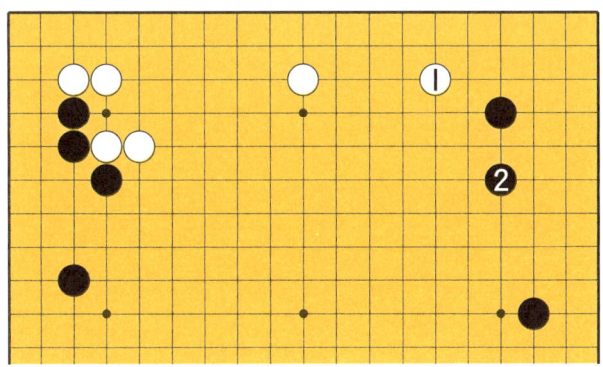

[참고도 A]

면서 자연히 승리로 이어가는 것이 바
둑의 이치이다. 백16의 수는, 자기만 집
을 차지하고 상대에게는 집을 전혀 주
지 않겠다는 자기 위주의 생각이다.

참고도 A 백1로 위쪽에서 걸쳐서
흑2로 받게 하여도 나쁘지 않다. 우변
에서 흑집이 생기기 쉬워지기는 하지
만, 백쪽도 상변 집의 윤곽이 넓혀져 있
음을 알아야 한다. 기본형의 백18은 백
16에다 한술 더 뜨는 경솔한 수이다.
흑19로 '한칸 뜀'을 당하여, 백은 위아
래 두 돌이 동시에 공격받는 꼴이므로
당할 재간이 없다. 백은 '무리수'를 두
개나 두어서, 당장 고전에 빠졌다.

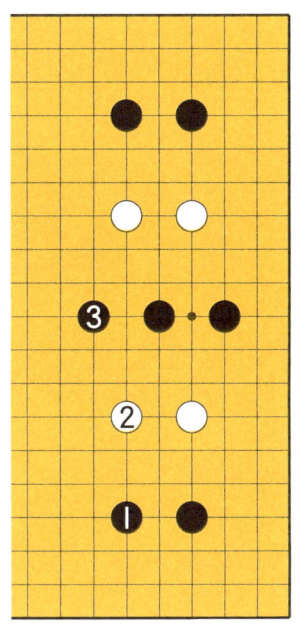

[참고도 B]

백20으로 한쪽이 달아날 때 흑21은
매서운 공격이다. 원래 백18의 돌이 달아나려고 하면 흑21의 곳인 한
칸 뜀이므로, 흑이 앞질러 그곳을 가로막았던 셈이다.

참고도 B 흑1의 한칸 뜀이라면 온건하고 상식적이다. 백2라면 흑
3의 '뜀'으로써 이래도 양쪽으로 쫓기는 백의 대고전은 분명하다.

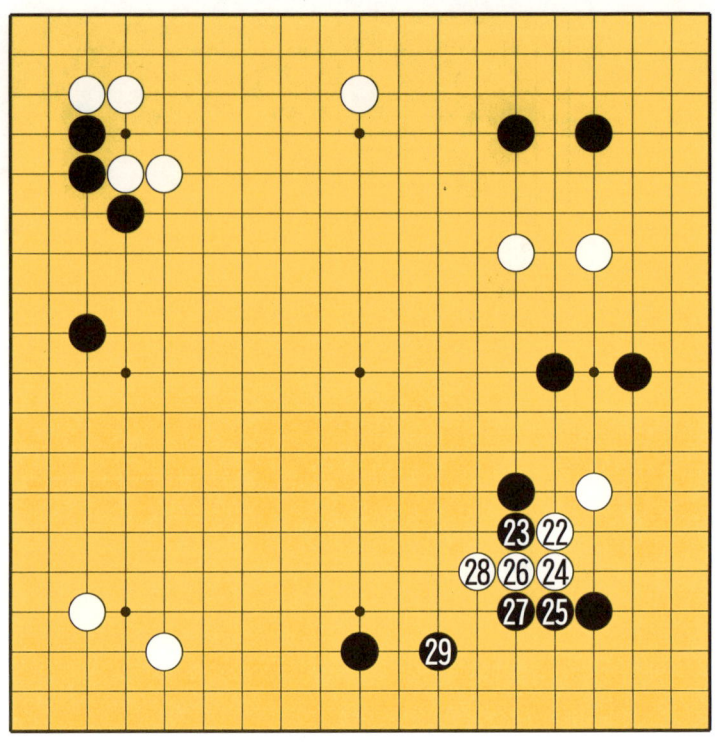

(백22〜흑29)   [기본형]

【 제4보 】

● 악수(惡手)의 표본

이 바둑은 앞 그림의 백16에서 싸움이 시작되어, 때이르게 중반전
(中盤戰)에 돌입하고 있다. 이 싸움은 백의 '무리수'가 원인이므로, 현
재로서는 흑이 크게 우세하다. 다만 흑은 이 우세를 어떻게 유지하
여 승리로 연결시킬지, 이제부터의 행마법이 어렵다면 어렵다.

흑23으로 위에서 밀고, 백24일 때 흑25로 아래에서 밀었는데, 이
런 행마법이 나쁜 수의 표본이다.

참고도 A ▲의 흑은 대각선으로 '한칸 뜀'한 모양인데, 보통의 한
칸 뜀이 연결하기 쉬운 모양인 데 비해 이런 모양은 백이 1처럼 흑

두점의 중앙에 두면 연결할 수 없으므로, 흑으로서는 그리 좋은 모양이라 할 수 없다. 백1에 대해 흑2와 4로 두는 것은 더욱 나쁜 수로, 백5까지 되어 위쪽 흑▲가 거의 힘을 잃고 만다.

흑4와 백5의 움직임을 하나의 모양으로서 비교해 보기 바란다. 마치 백돌이 튜브(tube)에서 쥐어짜여 내밀어진 것 같은 모양이다. 이렇듯 튜브로 상대편 돌을 밀어내는 모양은 대단히 나쁘다고 기억해 두기 바란다.

[참고도 A]

참고도 B 나쁜 수에 대한 하나의 예이다. 흑1과 3의 수단은 백4까지 되어, 역시 튜브로 밀어낸 듯한 모양이다. 물론 흑의 대악수(大惡手)가 된다. 이 다음에 흑a로 두는 수도 백b로 나가 버려 흑이 좋지 않음을 알아두기 바란다.

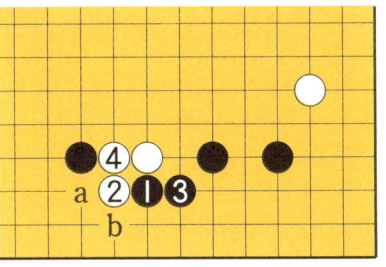

[참고도 B]

기본형의 흑23부터 27까지의 행마법이 참고도 A 또는 참고도 B와 같은 종류의 것임은 이미 알았을 것이다. 그렇다면 흑23으로 어떻게 두면 좋았는가?

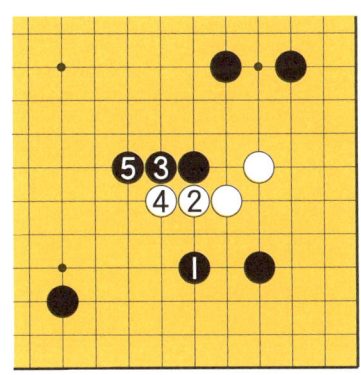

[참고도 C]

참고도 C 흑1로 한칸 뜀을 하여, 백2와 4라면 흑3과 5로 진출하는 행마법이 흑의 우세를 유지하는 방법이었던 것이다.

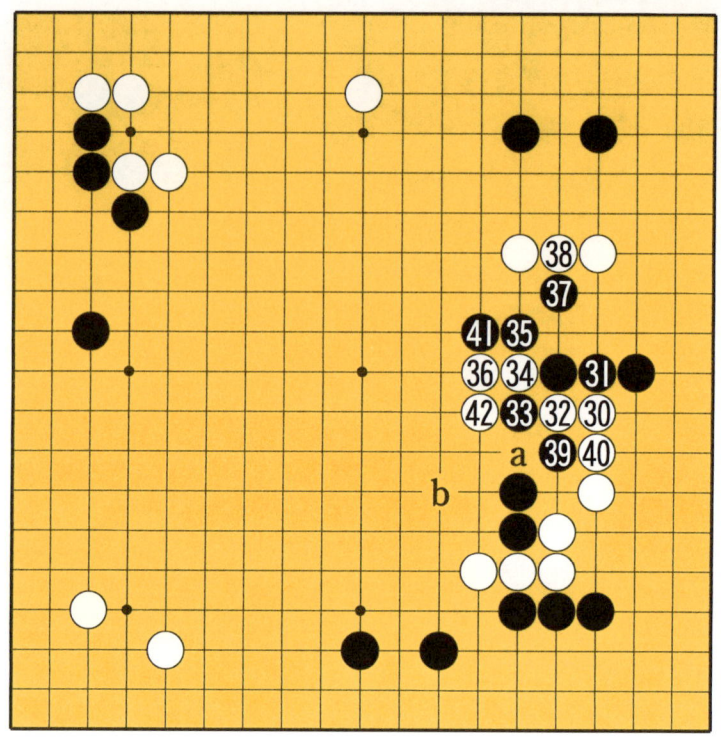

(백30~백42)   [기본형]

【 제5보 】

● 헛된 저항

싸움의 출발은 흑이 크게 우세했건만, 앞 그림에서 너무나도 성급한 공격을 했기 때문에, 이번에는 흑이 역습을 받게 되었다.

백에게는 30과 32가 반격 수단이다.

흑의 33은 당연하다 싶은 '누름'인데, 실은 백34로 '급소'를 끊음당하니 흑이 곤란하다. 공격하던 흑돌이 둘로 분단되어, 단숨에 약해지고 말았기 때문이다. 먼저 백42까지의 결과를 보기 바란다.

백42에 대해 흑a로 이어도, 백b로써 흑돌은 포위되어 잡히고 만다.

흑은 33으로 강력히 눌러도 잡히고 만다면 아무것도 소용없는 일이다.

이런 사태를 가져온 최초의 원인은, 제4보 기본형 흑23부터의 행마법에 있는 것이지만, 손해를 줄이자면 흑33의 누름으로써 **참고도 A**의 흑1로 뻗어 두면 그나마 좋았던 것이다.

백2라면 다시 흑3으로 뻗고 나서, 아래쪽의 흑 두점을 단념하고 위쪽의 백△를 공격하는 일에 전념한다는 사고방식이다. 이렇게 두면 흑이 아직도 공세를 취하는 모습이었을 것이다.

흑35와 백36이 되어서는 아래쪽의 흑이 살 가망은 약해진다.

그렇다고 흑35로써 **참고도 B**의 흑1로 뻗어 살리려 하여도, 이번에는 백이 2로 뻗으면 우변의 흑 세점이 포위되어 위험하다.

어쨌든 백42까지 되어, 흑의 실패는 분명해졌다. 다시 한번 앞 페이지의 참고도 C를 보기 바란다.

원래대로라면 흑이 일방적인 공세를 취하고 있을 텐데, 제5보는 중앙의 요석(중요한 돌) 흑33이 거꾸로 잡힌데다가, 남은 싸움도 어느 쪽이 우세한지 뚜렷하지 않은 모양이다.

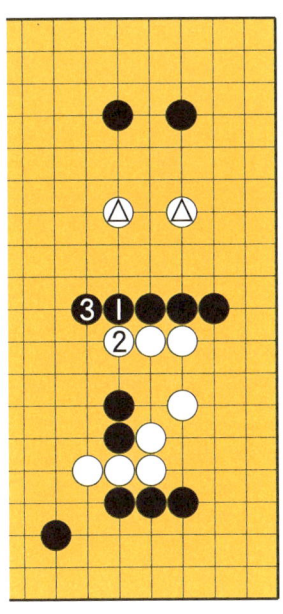

[참고도 A]

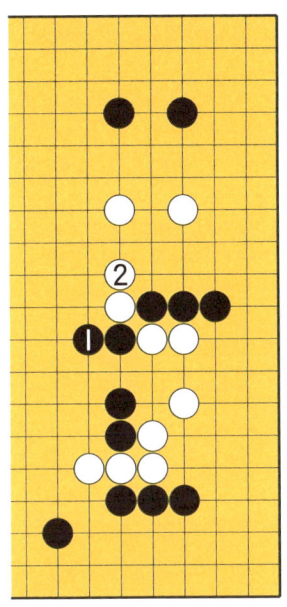

[참고도 B]

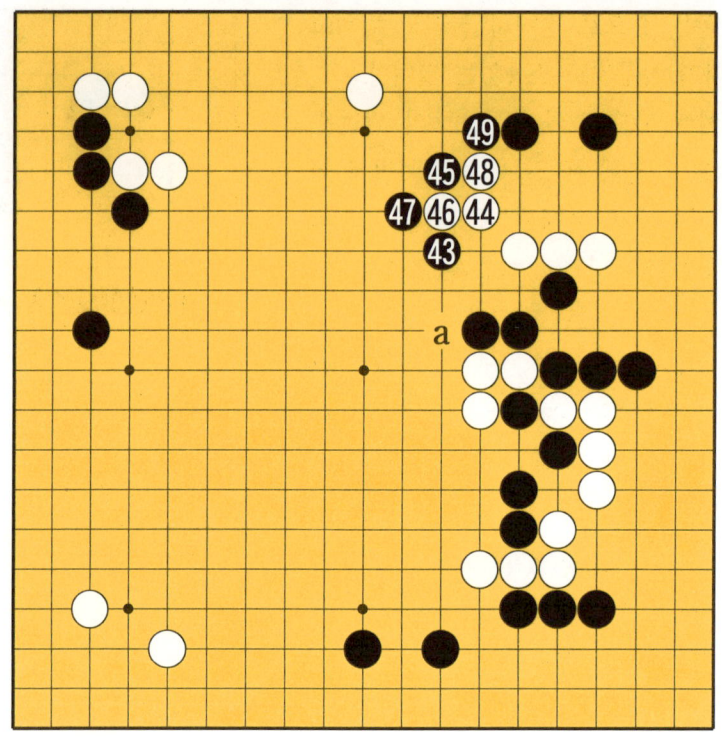

(흑43～흑49)   [기본형]

【 제6보 】

🟡 급하게 공격하면 실패

흑43으로써 칼을 높이 들어 백 세점을 공격했다. 백44일 때 흑45,
봉쇄로서 그럴듯해 보이지만 실은 이 수도 경솔한 수이다.

백46부터 48로 나가면, 흑 모양은 끊길 곳이 많아 버텨낼 수 없다.
흑45로써 백46의 곳으로 미는 수가 나쁜 이유도 제4보의 흑23과 같
은 맥락으로 설명한 바 있다. 결국 흑43, 45의 성급한 공격은 무조건
성공하지 못한다고 생각하기 바란다.

이 장면에서는 흑45로써 a에 뻗어 자기편 돌을 강화시켜 두는 게
무난했던 것이다. 이 정도만 이해하고 넘어가도록 하자.

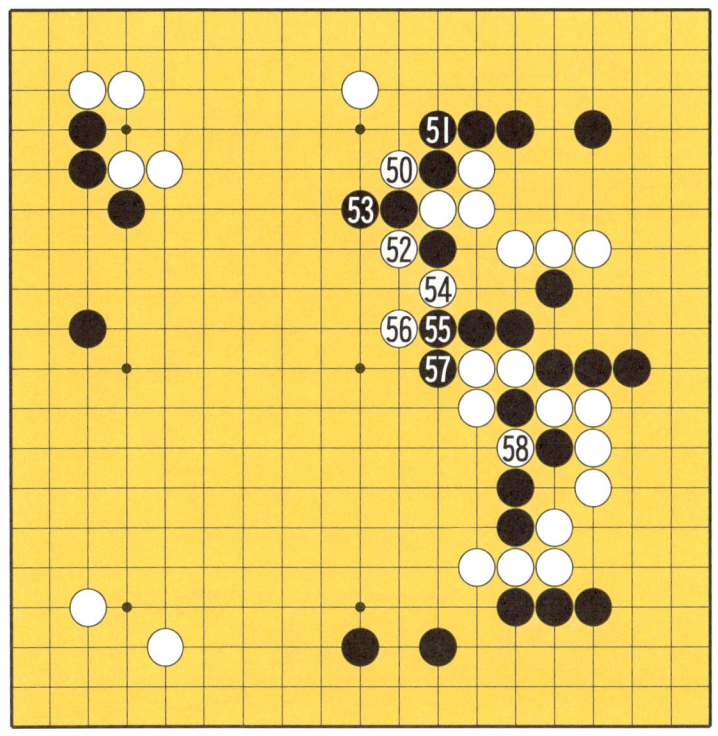

(백50～백58)   [기본형]

【 제7보 】

● 싸움은 확대 일로

얼핏 보아 흑은 백돌을 포위한 듯싶었지만, 백50에서 52와 54로 그물은 간단히 찢기고 말았다. 흑55부터 싸움은 다시 크게 발전한다.

우변의 흑 무리, 또 그 위에 있는 백 무리는 어느 쪽이나 상대편에 포위되면 죽느냐 사느냐의 기로에 선다. 그러므로 포위되지 않도록 흑과 백, 어느 쪽도 방심할 수가 없다.

또한 백50의 끊음으로 상변 중앙쪽의 흑 두점도 고립될 여지가 있어, 싸움은 더욱더 복잡해졌다.

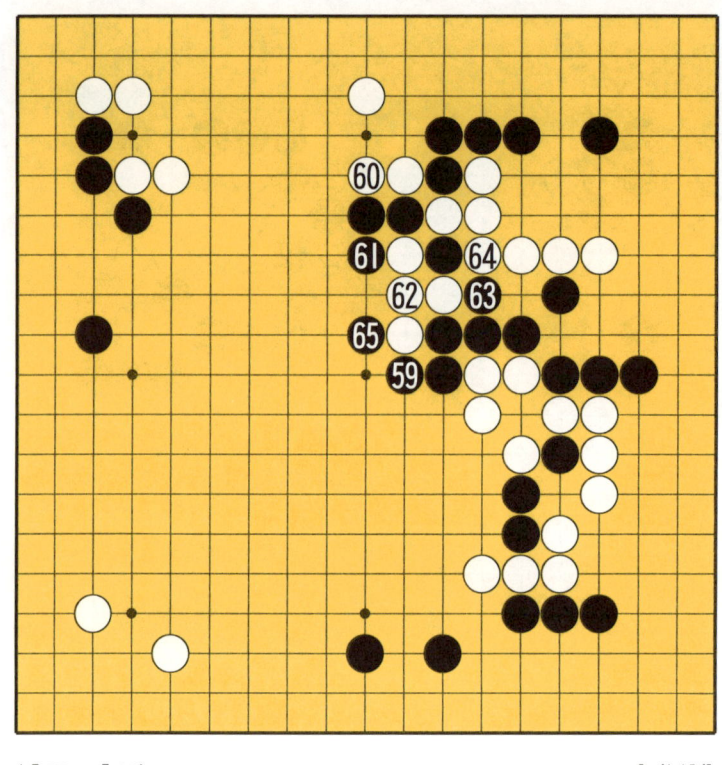

(흑59~흑65)   [기본형]

【 제8보 】

●봉쇄되어 백의 위기

　흑59로 바깥쪽으로 달아나는 모양인데, 이런 접전에서는 달아나는 수가 동시에 상대편을 공격하는 수이기도 하므로 주의해야 한다. 백 60은 그런 주의가 모자라는 수이다. 새로이 흑 두점을 공격하려 했 겠지만, 이미 자기 몸에 위험이 닥치고 있음을 깨달아야만 했다.

　흑61부터 65까지, 백은 순식간에 포위되고 말았다. 그러므로 백60 으로써 오히려 흑65의 자리에 뻗어야 했던 것이다.

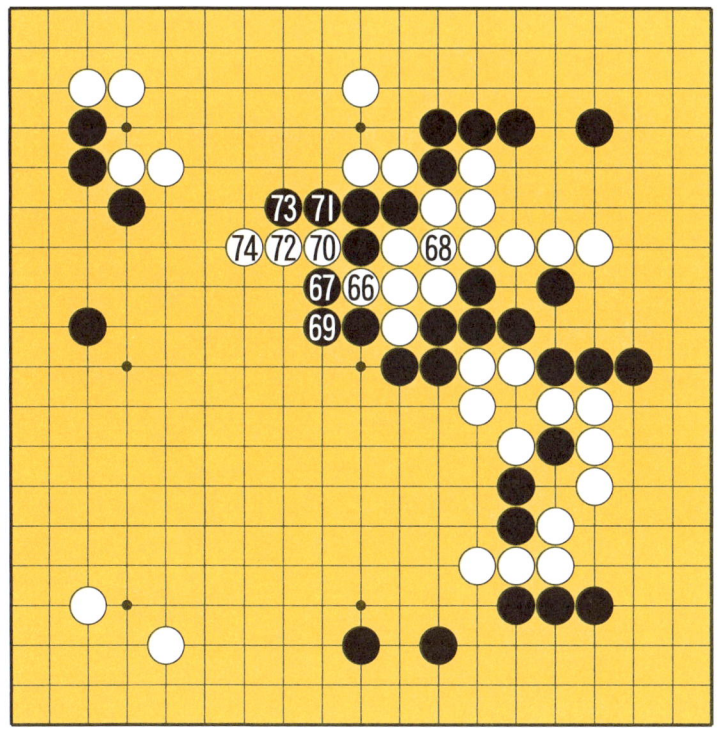

(백66~백74)   [기본형]

【 제9보 】

● 상변에 불이 붙다

　백66으로 나와 흑의 포위한 약점을 노렸지만, 흑67로 눌려 다섯 점
의 백이 단수가 되자 백이 매우 아픈 장면이다.

　백으로서는 일단 68로 '이음'해야 하고, 흑은 흑대로 69의 이음으로
포위망을 강화했다.

　백70의 '끊음'이 남겨진 백의 희망이며, 백74까지의 싸움이 되어 이
흑을 잡으면 백의 대성공이 되지만, 과연 잘 될지?

　물론 흑으로서도 여유가 없는 필사의 장면이다.

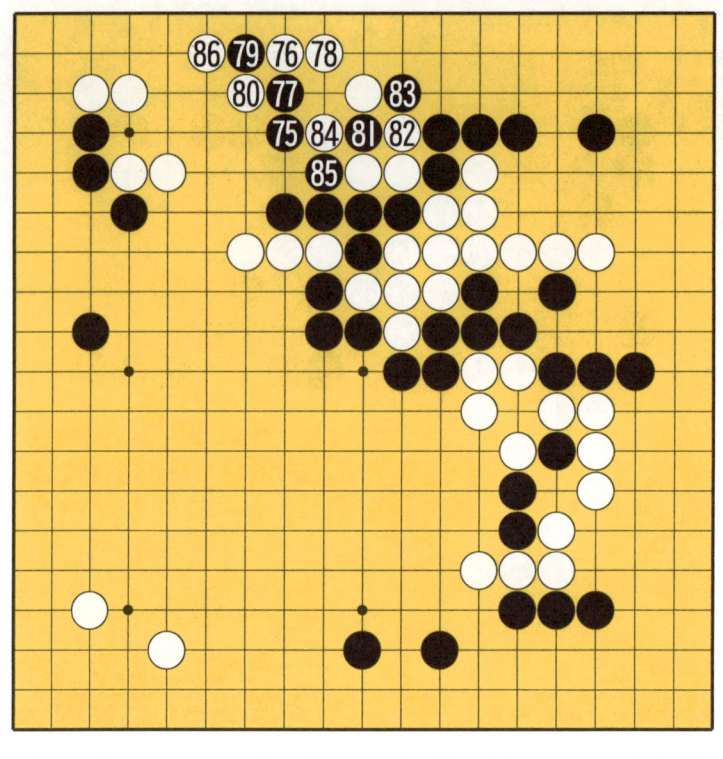

(흑75～흑87)　　　　**87**‥**81**의 곳 백 세점 따냄　　　　[기본형]

【 제10보 】

● 멋들어진 흑의 공격

싸움은 상변으로 번졌다. 흑75로 뛰어들어, 백쪽도 상변의 세 점이 역습을 받고 있다.

흑이 75로 두어진 시점에서, 백이 주의해야 할 중대한 일이 하나 있다.

　참고도 A　흑이 1의 수단을 노리고 있음을 깨달아야 한다. 백2일 때 흑3으로 끊고, 흑1을 '버림돌'(사석)로 하여 흑5로 '단수'한다. 백6으로 세 점을 이은 다음, 또 흑7로써 단수가 되어, 결국 흑11까지 백은 완전히 잡히고 만다.

흑의 이런 수단에 주의하여, 백은 '뒷수'(다음에 생길 수 있는 수순)를 항상 생각해야 한다.

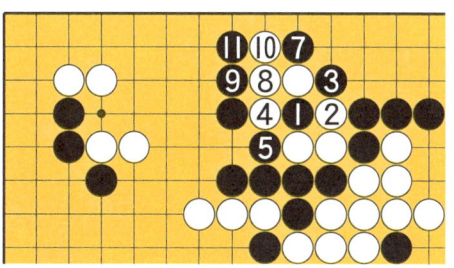

⑥‥❶의 곳 이음　　　　[참고도 A]

백76으로 응수하여, 현재로서는 참고도 A의 위험은 피하고 있다.

그러나 흑79일 때 백80으로 끊은 것은 큰 잘못이었다. 역시 참고도 A의 수단을 백이 깨닫지 못했던 것으로 생각한다.

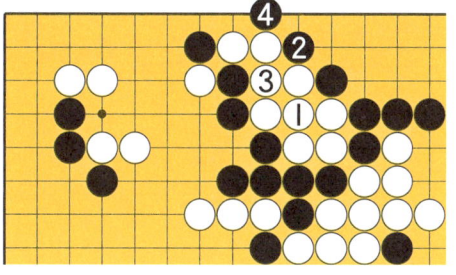

[참고도 B]

흑81에서 85까지 단수하였을 때에야, 백은 겨우 깨닫고 세 점을 단념했다.

참고도 B 백1로 이어도 흑2에서 4로써 백은 살지 못한다.

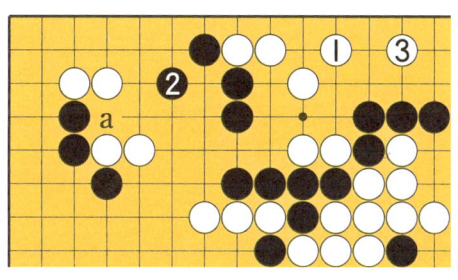

[참고도 C]

백은 80의 '끊음'이 나쁘며, 이 수로는 **참고도 C**의 백1로 지키면 잡히지 않았던 것이다.

이어서 흑2로 지키면 백3으로 뛰어, 백은 집이 생기는 모양이다. 다만 다음에 흑a로 나오면, 이번에는 좌측의 싸움에서 백은 고전(苦戰)이 예상된다.

사실은 흑75의 시점에서, 이미 백은 고전이었다고 하겠다.

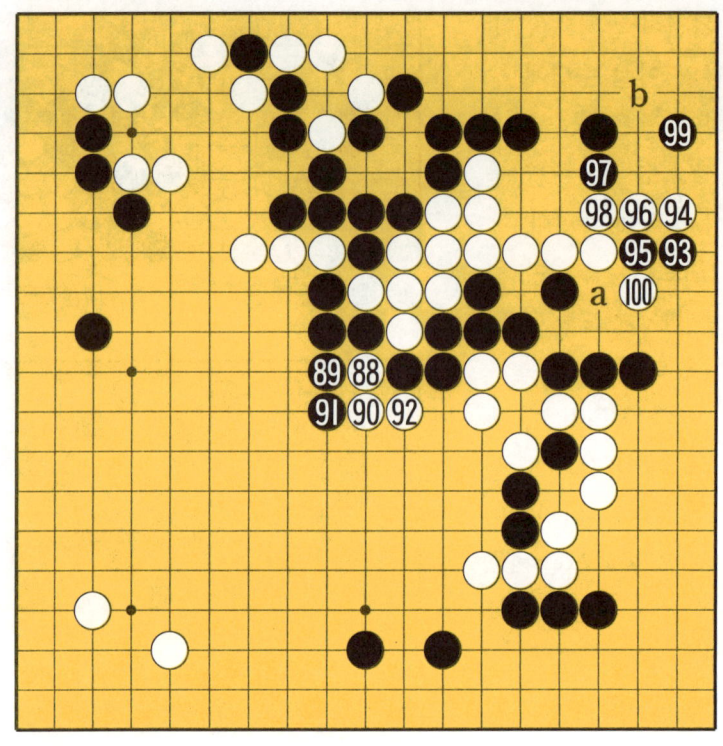

(백88~백100)   [기본형]

【 제11보 】

🟡 마지막 싸움

상변의 싸움에서 실패한 백은, 중앙 백88로 끊어 마지막 찬스를 찾아 나섰다. 이곳을 끊기게 되자 흑도 안심할 수 없는 상황이다.

백92까지 되고 나니, 마침내 우변의 흑도 포위되었다. 어느 쪽의 돌이나 서로 포위되어, 어떻게 두어야 집모양을 만들 수 있을지 확실치 않다. 흑99로써 a로 지키면 흑은 집이 생길 것 같다. 그 대신 백도 b에 둘 수가 있어, 역시 집이 생길듯한 모양이다. 흑으로서는 수상전(手相戰 : 서로 수를 메워 승부를 가림)이 되어도 이긴다 보고, 흑99의 강경 수단으로 나왔던 셈이다.

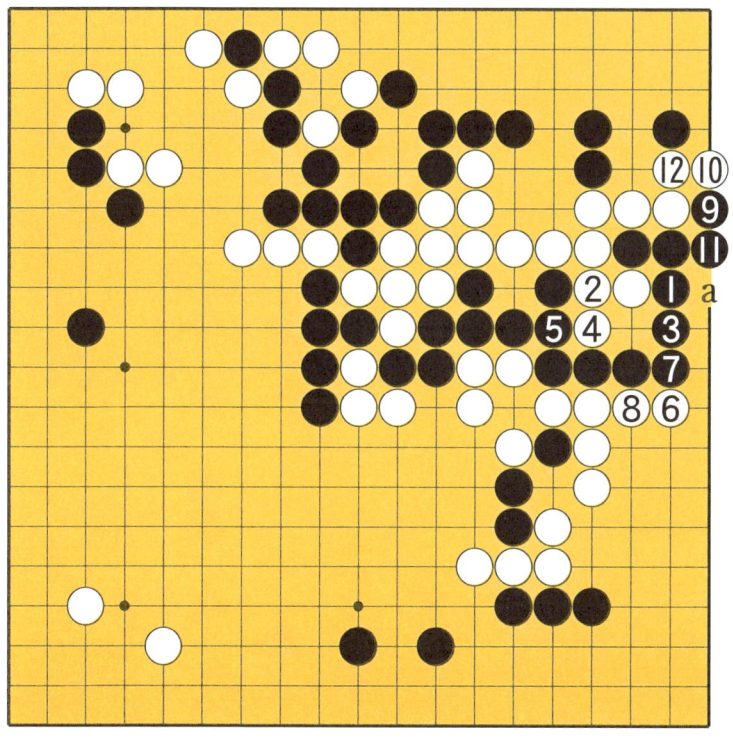

(흑101~백112)   [기본형]

【 제12보 】

● 수상전

흑101부터의 수순(手順)인데, 이후부터는 편의상 다시 흑1부터의
숫자로 표시하겠다. 백6까지 두어 어느 쪽의 돌도 두 눈(집)의 완전
한 삶이 확보되지 않는다. 그렇다면 필연적으로 '수상전'이 된다. 즉
잡느냐 잡히느냐! 흑9와 11이 매우 좋은 수단이었다. 이 수순에 의
해 흑은 a의 곳에 눈 하나가 생긴다.

수상전인 국면에서는, 눈 하나라도 있는 쪽이 '유가무가'(有家無家 :
수상전에서 눈이 있고 없고의 경우. 보통은 눈이 있는 쪽이 이긴다)의
원칙에 따라 유리한 경우가 많은 법이다.

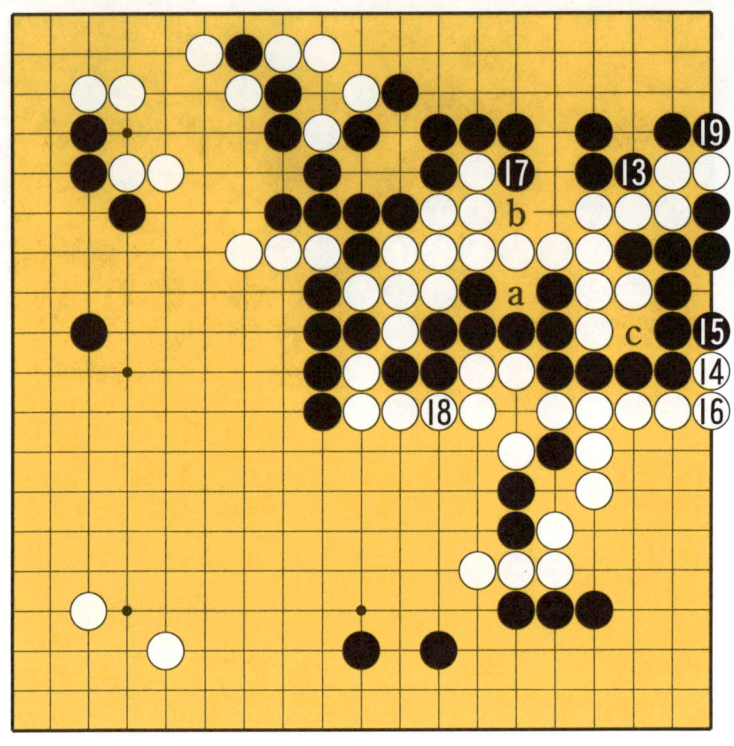

(흑113~흑119)   [기본형]

【 제13보 】

● 백의 대마가 잡힌다

흑19까지 되어 이 '수상전'은 흑의 승리가 분명해졌다. 이어 백a라면 흑b, 그 다음에 백은 c로 두어도 자기 돌이 '단수'가 되고 만다. 수상전의 마지막 단계에 이르러 흑에게 눈 하나가 있음은 이처럼 중대한 의미를 갖게 된다. 초보자에게는 매우 복잡한 수상전이지만, 백14 이하는 필연의 수순은 아니고, 백에게도 좀 더 수단을 부려 빅으로 만들 여지가 있었던 것 같은데, 각자 연구 과제로 남긴다.

초보자로서는 이 정도만 이해해도 족할 것이다. 이 바둑은 흑19일 때 백이 돌을 던져서, 흑의 불계승(不計勝)으로 끝났다.

제 2 장

아홉 점으로 프로에 도전

아홉 점을 늘어놓으면 바둑판은 그 야말로 흑돌 투성이가 된다. 상대편이 아무리 고수(高手)라도 결코 패배할 것 같지 않은 생각이 들지만, 과연 결과 는 어떨까? 실전을 많이 두었다면 경 험이 말해줄 것이다.

'2급' 정도의 실력을 가진 아마추어 가 직업 기사(棋士), 즉 프로 기사에게 '9점 접바둑'으로 도전했는데, 과연 어 떻게 전개되었는지 그 과정과 결과를 따라가 보기로 한다.

이 같은 9점 접바둑 대국을 보면서, 직업 기사의 강함에 새삼 놀라며 '바 둑 수의 깊이'에 감탄하게 될 것이다.

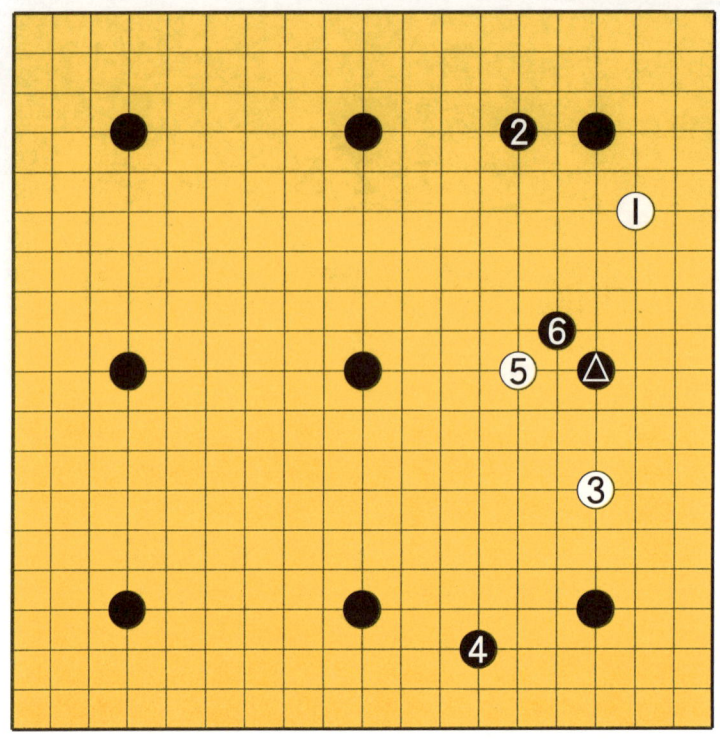

(백1~흑6)   [기본형]

【 제1보 】

🟡 공갈 위협 작전

백1에 대한 흑2, 또 백3에 대한 흑4는, 어느 경우나 상대가 접근해 왔을 때 귀를 '지키기' 위한 방법이다. 귀는 중요한 장소이므로, 흑의 이런 포석은 상식이라 말해도 된다.

백5는 '접바둑'에서 백이 곧잘 사용하는 '모자'(帽子)라는 수단이다. 백5의 모자가 어떤 목적으로 두어졌는지, 또 흑은 어떻게 응하면 좋은지 조금 생각해 보기로 한다.

간단히 말하면, 백5는 일종의 '공갈 위협'이다. 백은 앞서 둔 백1, 3

과 더불어 백5의 돌로 "⬣의 흑을 포위하여 혼내겠다!"라고 겁을 줄 생각이다.

여기서 양치기 개가 많은 양떼를 어떻게 지배하는지 그 광경을 떠올려 주기 바란다. 만일 양이 싸우는 법을 알고 있다면 숫자로 보아 지지 않을 텐데 말이다.

그러나 양은 싸우는 법을 모르기 때문에, 개가 짖는 소리에 겁먹어 양치기의 뜻대로 움직이고 마는 셈이다.

바둑의 경우는 흑돌과 백돌의 기능이 다를 바 없으므로, 겁준다

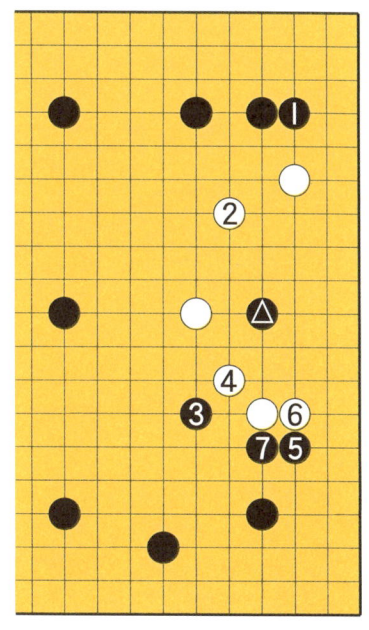

[참고도]

고 해서 허둥댈 필요는 없다. 위협 작전에 속아서 당황하면, 백의 뜻대로 되고 만다.

흑6의 '마늘모'는 적극적이고 대단히 좋은 연결이다. 백에게 포위되지 않도록 돌을 발전시켜 두면, 달아나는 듯하지만, 자연히 백을 공격할 수 있는 태세도 된다.

참고도를 보자. 흑1과 3, 5, 7로 귀의 '지킴'을 마저 굳히는 포석법은, 흑⬣의 움직임을 단념하고 싸우지 않고서 이기겠다는 사고방식이다. 확실히 흑⬣를 '버림돌'(사석)로 하여 우변은 백집이 되었다 하여도, 그 대신 귀를 굳히고 있어 흑의 우세임은 틀림이 없다.

접바둑일 경우는 이런 작전으로 나가는 것도 하나의 수단으로 쓰인다. 그러나 원래 흑⬣는 버릴 까닭이 없는 돌이며, 싸우면 우세해질 모양을 갖는다고 생각하기 바란다. 그렇다면 '버림돌 작전' 따위의 소극적인 생각을 버리고 당당히 싸워야 한다.

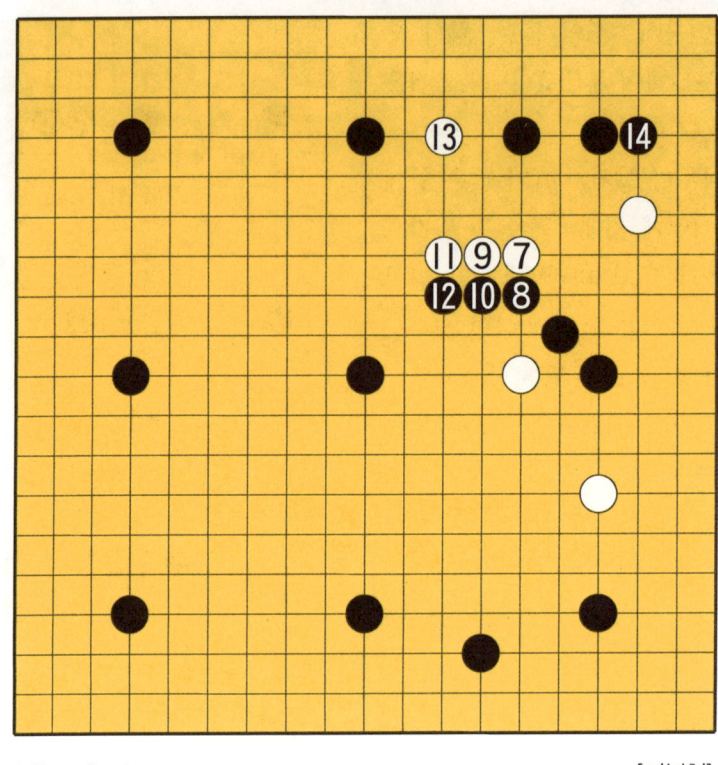

(백7~흑14)   [기본형]

【 제2보 】

● 100점 만점의 응수는?

백7도 역시 '위협 전술'이다. 백은 "포위하겠다"며 겁주어 흑의 동요(動搖)를 기다리고 있다. 흑8은 '백점 만점'이라고는 할 수 없지만, 그런 대로의 좋은 수였다. 여기서 최선의 수단이라고 하면 참고도 A의 수순이다.

참고도 A 흑1로 두어 △의 백에게 타격을 가한다. 이런 흑1은 흑 ●와 연결되어 있는 만큼 강한 모양이다. 이 수에 대해 만일 백2로 눌러 온다면 흑3으로 끊고 싸운다.

전력(戰力)의 차이는 흑이 압도적으로 유리하여, 백이 아주 고전할 것은 틀림없다.

참고도 B 이 그림은 흑의 가장 서투른 '행마'의 예이다. 흑1과 백2는 좋은데, 이어서 흑3에서 9까지가 너무나도 소극적이다. 백의 허점투성이 포위망에 약점을 찔러 가며 역습해야 할 것을, 오히려 흑이 싸움을 겁내어 삶을 꾀하는 모양이다. 결국 백에게 완전히 세력을 빼앗겨서 '위협 전술'에 보기 좋게 걸려든 셈이 된다.

그런데 기본형의 흑8도 앞서 백점 만점은 아닌, 다소 백의 술책에 빠진다는 이유를 설명하겠다.

흑8과 10으로써 봉쇄를 피하며 중앙으로 진출한 것은 매우 좋았지만, 백7, 9, 11로 위쪽에 백의 세력을 허용했기 때문에, 이어 백은 13으로 상변을 쉽게 침입할 수 있었던 것이다.

백7, 9, 11의 원군(援軍)이 없이, 백으로서 나홀로 백13의 침입은 어느 정도 위험이 따랐을 것이다.

한편 백9의 수로써 **참고도 C**의 백1로 누르는 것은 무리이다. 흑은 2부터 8까지가 좋은 수순으로서 △의 백을 접수해 버린다.

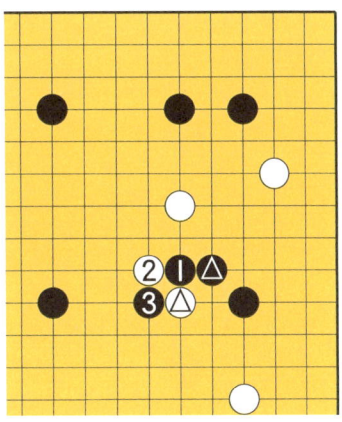

[참고도 A]

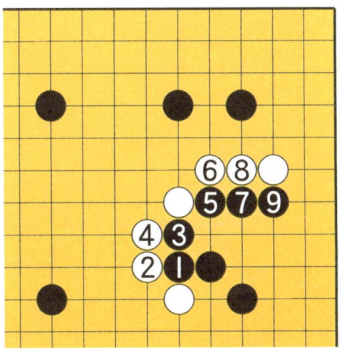

[참고도 B]

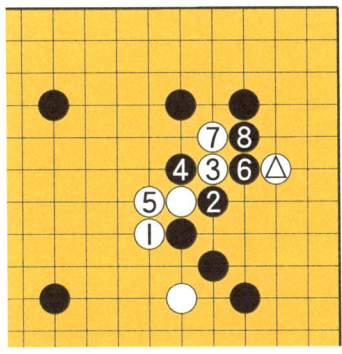

[참고도 C]

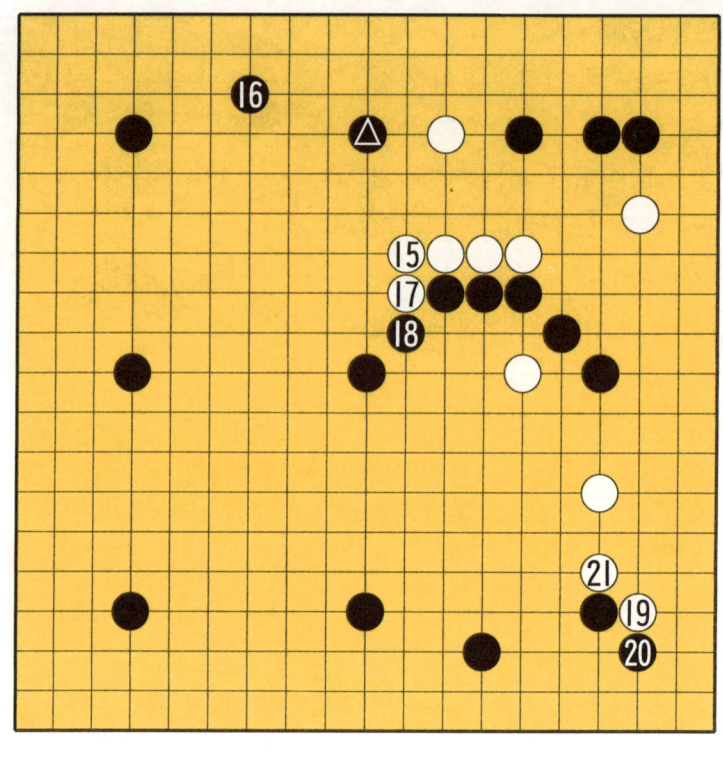

(백15~백21)　　　　　　　　　　　　　　[기본형]

【 제3보 】

● 예상되는 싸움

　백15의 '뻗음'은 절대의 수. 여기에 머리를 내밀어 세력을 강화해 두어야, 다음 싸움에 차질이 없다. 흑도 이런 장면에서 다음은 어디에 두어야 할지 매우 주의해야 한다. 흑16으로 지킨 것은 얼핏 보아 납득이 간다. 백은 15로 세력을 구축하고 있으므로, ▲의 흑이 약하게 느껴졌을 테니까. 그러나 지금 가장 '지키기'를 필요로 하는 게 과연 흑▲일는지? 좀 더 지켜야 할 중요한 곳이 있는 게 아닐까?

　참고도 A　사실은 흑1의 '지킴'이 가장 중요하다. 왜냐하면 우변은 이 바둑의 자웅(雌雄)을 결정할지도 모를 대규모 전투의 여지가 남

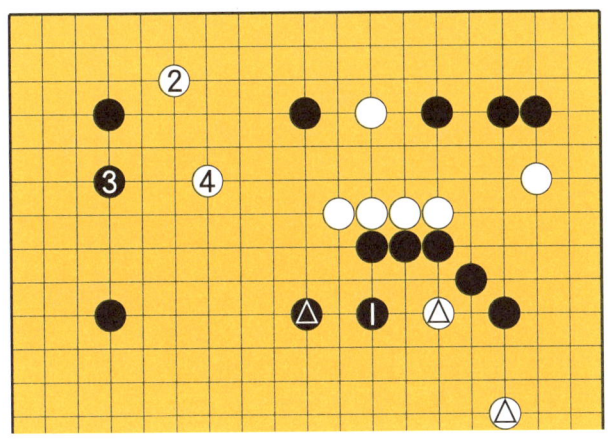

[참고도 A]

아 있기 때문이다.

우변의 흑 다섯점은 아직도 '천원'의 흑●에 완전히 연결되어 있지 않은데다가, 백△와의 싸움도 이제부터 예상되는 장면이다.

이런 대접전을 예상한다면, 흑1로써 아군을 단단히 보강해 둘 중요성을 알겠는지? 상변의 흑에 관해서라면, 백2일 때 흑3으로 받아두고 상변의 흑 한점쯤은 버린다는 생각이면 좋은 것이다. 싸워야

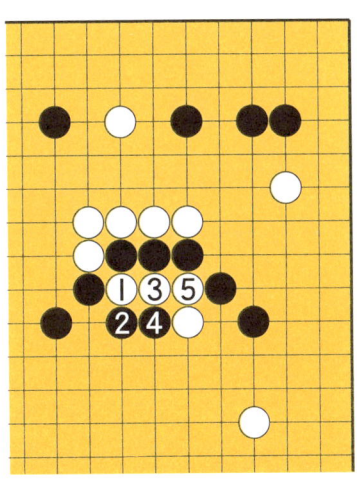

[참고도 B]

할 장소가 아니라면, 백에게 조금쯤 집을 주는 것도 좋지 않을까? 흑 18이 된 시점에서, 백은 **참고도 B**의 백1로 끊는 '노림수'를 생각할 것이다. 흑은 2와 4로 '단수'하여도 백5일 때 거꾸로 흑 세점이 단수가 되어 백을 잡지 못한다. 잡지 못하면 흑은 양분되고 만다.

기본형의 백19와 21은, 여기서의 작은 혼란을 틈타 참고도 B의 큰 싸움을 결행하려는 의도가 짙다. 흑은 참으로 방심할 수 없는 장면이다.

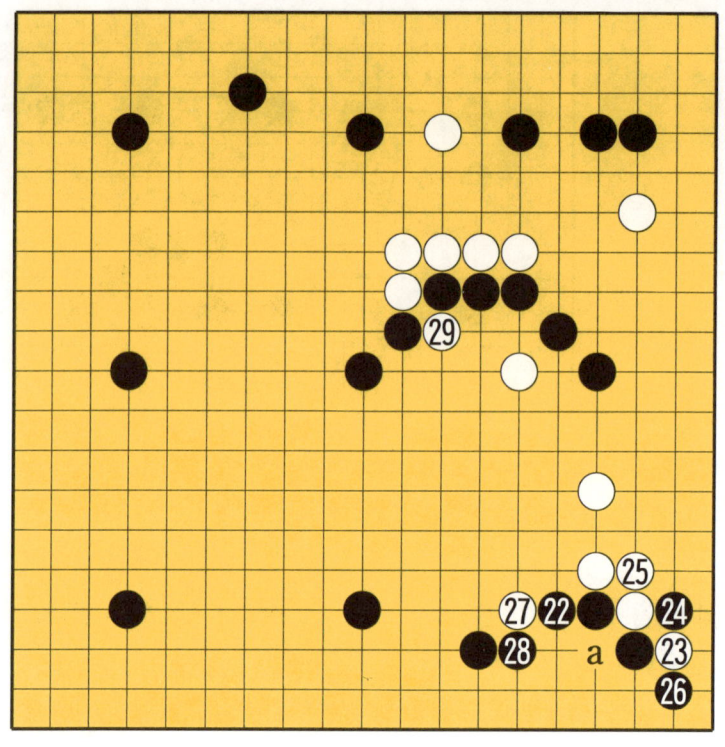

(흑22〜백29)   [기본형]

【 제4보 】

● 백의 책략

앞 그림에서 설명했던 대로, 우하귀에서 싸우고 있는 백의 목적은, 사실 중앙의 흑에게 덤벼들 준비이다.

예를 들어 백23의 젖힘은 흑24와 26으로 잡히지만, 이 '버림돌'(사석)을 이용하여 a의 '끊음'을 노린다. a의 끊음이 중앙의 싸움과 무슨 관계가 있느냐고 생각되겠지만, 사실은 큰 관계가 있다. 그것이 바둑의 무서움이랄까 묘미랄까, 아무튼 진행을 보기 바란다.

드디어 백29로써 백은 전부터의 '노림수'를 감행했다.

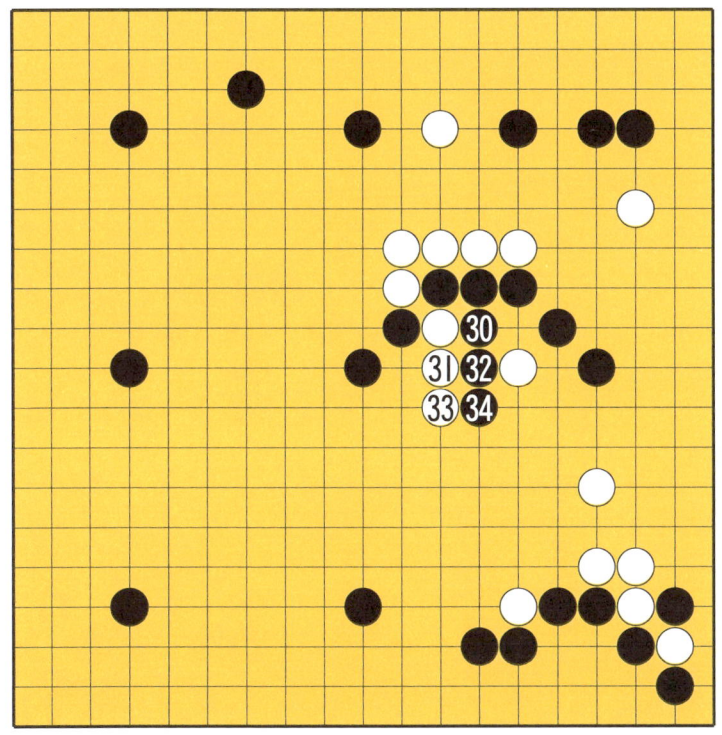

(흑30~흑34)　　　　　　　　　　　　　　　　[기본형]

【 제5보 】

● 달아나는 것은 간단

흑은 마침내 30으로써 '단수'하고, 흑32와 34로 이곳을 보기좋게 돌파하여 멀찌감치 달아났다.

보아한즉 흑에게는 위기가 느껴지지 않고, 오히려 백쪽의 고전은 아닐까 생각될 정도이다.

그러나 다음의 제6보를 보기 바란다.

예컨대 바위 그늘에서 인디언이 갑자기 나타난 것처럼, 금방 우변의 흑이 포위되고 만다. 그러므로 바둑에서 방심은 금물이라고 했다.

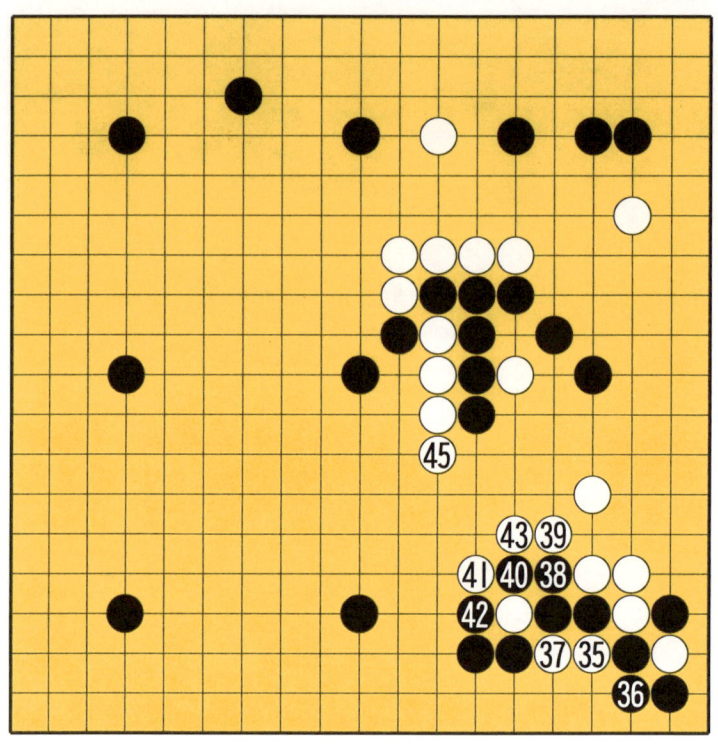

(백35~백45)　　　　　　**44**‥**40**의 아래 이음　　　　　[기본형]

【 제6보 】

🟡 눈 깜짝할 사이의 포위

백35부터 37로 '단수'하는 게 백의 예정된 행동이다. 제3보의 백19 부터 제4보의 백27까지, 백은 그동안 대체 무엇을 목표하고 있었는 지 이제야 알게 되었다.

백돌 37에 대한 흑38, 또한 백돌 39에 대한 흑40은 어느 돌이나 단수이므로, 어쩔 도리 없는 응수이다.

백돌 41에 대한 흑42는 다른 응수도 있지만, 그림처럼 흑42로 따 내면 다시 백43으로 단수가 되어 흑44로 이을 수밖에 없다.

이제 자세히 보기 바란다. 백이 45로 두면, 처음에는 쉽게 밖으로 달아날 수 있다고 생각한 우변의 흑이 어느 틈엔가 포위되고 말았다.

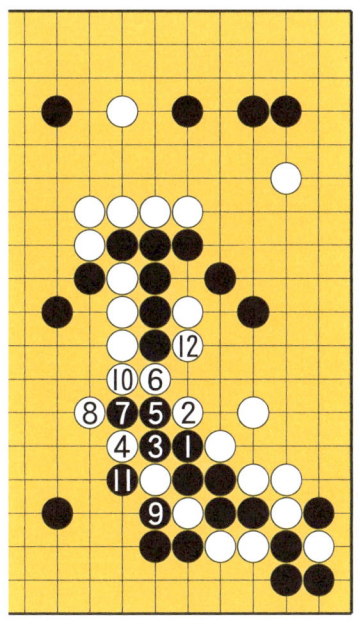

[참고도]

말할 것도 없이 백의 39, 41, 43의 돌이 포위망으로 작용하고 있는 셈이다.

백은 35로써 보기에는 직접 우하귀의 흑과 싸우고 있었는데, 실은 이 싸움을 이용하여 우변의 흑을 포위하겠다는 작전이었던 셈이다. 이럴 경우 백35와 37 등의 백돌은 모두 '버림돌'(사석)로서, 우변에서 대전과를 거두기 위한 미끼 같은 역할을 한다.

참고도 기본형 흑42의 변화이다. 흑1로 나갔다면 어떻게 될까?

나가서 위쪽의 흑과 연결하면 이상적이지만, 백4에서 6, 8, 10의 단수로 쫓기면 흑11까지 된다.

백은 버림돌이 많아지고 있지만, 백12까지 우변의 흑에 대한 포위망은 강력하여, 개미 한 마리 나갈 틈도 없다.

이렇게 되면 우변의 흑은 더욱더 위기에 몰려, 사는 게 더욱 어려워진다.

아무튼 기본형의 백45가 된 시점에서, 흑은 **참고도** 정도까지는 아니지만 어쨌든 곤경에 몰렸다. 외부로 탈출할 수 없는 이상, 백의 포위 속에서 독립하여 삶을 꾀하지 않으면 안 된다.

최소한 눈(집)을 둘 만들면 살 수 있는 셈인데, 과연 성공할까?

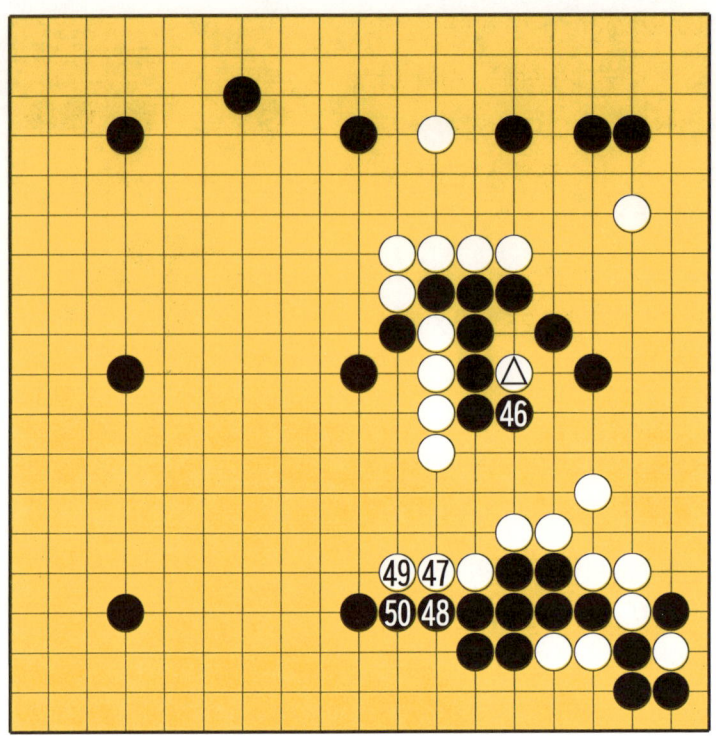

(흑46～흑50)   [기본형]

【 제7보 】

● 눈(집)을 만드는 일이 우선

우변의 흑에게 눈이 생기는가 아닌가의 상황인데, 사실 이 흑을 살리는 일은 간단하다. 흑도 이 장면에서는 설마 죽을 리가 없다고 안심하고 있었다. 다만 너무 방심하고 있으면, 어떤 함정에 빠질지도 모르므로 조심해야 한다.

우선 흑46은 신중성이 모자랐다. 돌을 잡는 일에는 매력을 느끼겠지만, 백△를 잡아도 여기만으로는 눈 하나밖에 되지 않는다. 지금 중요한 목표는, 백△를 잡는 일이 아니라 눈을 만들어 사는 일이다.

그 점을 잊어서는 안 된다.

흑46은, **참고도 A**에서처럼 백의 포위망의 틈을 노려서 흑1, 3, 5로 지키는 게 착실하다. 이렇게 해 놓으면 우변에 '집모양'이 생겨, 삶을 꾀하는 일은 훨씬 쉬울 것이다.

참고도 A의 수단을 놓침으로써, 우변의 흑은 약간 위험한 상태가 되어 버렸다.

백47은 중앙의 포위망을 다시 강화한 수이다. 이 수에 대한 흑48은 응수법이 좋지 않았다.

흑48로 응수했기 때문에, 다시 백49로 뻗어 흑50의 '이음'이 부득이했다. 백49로 백돌이 가해졌으므로, 그만큼 백의 포위망이 강화되었던 셈이다.

흑48로서는 **참고도 B**의 흑1로 응수하는 게 옳았다.

이 다음에 백a는 흑b로써 걱정

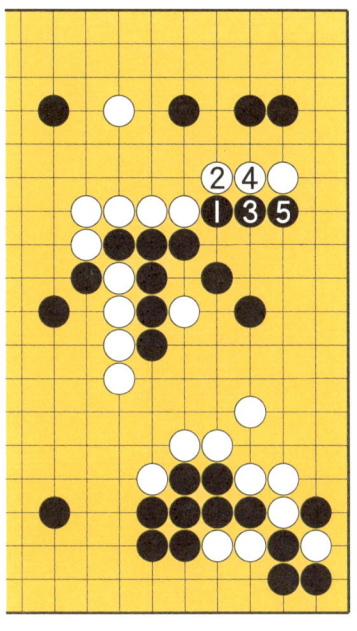

[참고도 A]

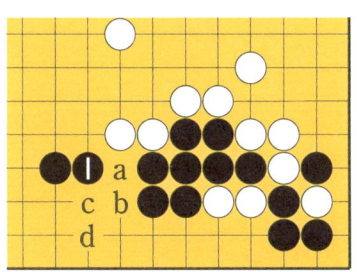

[참고도 B]

없고, 계속해서 백c로 끊어도 흑d로 '축'이 되는 것을 확인해 주기 바란다.

사소한 일로 보이지만, 이러한 돌의 낭비가 상대에게 다른 구실로 이용되는 것이다.

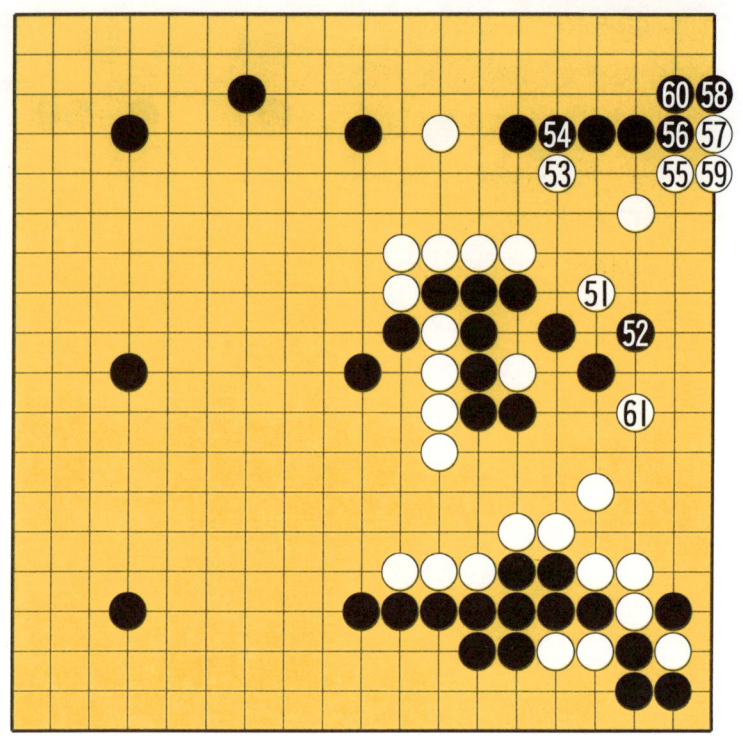

(백51～백61)   [기본형]

【 제8보 】

🟡 백은 호시탐탐 대마를 노린다

백51은 흑의 '집모양'을 빼앗은 수이다. 순간 흑에게 불안이 생겼지만, 우변에서 눈 하나 더 만드는 것은 그리 어려운 일은 아니다.

흑52의 '마늘모 행마'는 좋은 수이다. 다음에 백이 이런 흑의 눈(집)을 뺏으려 한다면 어떻게 되는지 연구해 보기로 한다.

백53으로써 **참고도 A**의 백1로 바로 공격했다면 어떻게 될까? 백1에 대해 흑은 2로 응수하고, 백이 3일 때 흑4의 '마늘모'로 넓혀 둔다. 당연히 백은 5의 '누름'인데, 또다시 흑6의 마늘모로 넓혀서 여기에 눈 하나는 충분하다.

백△를 잡고 있는 모양에 눈 하나가 추가되어 있으므로, 이렇게 되면 두 곳에 눈이 생겨서 삶이다. 또한 백1의 수를 흑2의 곳에 눌러 오면, 흑은 1의 곳에 '마늘모'하여 '눈모양'이 쉽게 나온다.

백으로서 명백히 잡을 수 없는 돌을 억지로 잡으려는 것은 어리석은 일이다. 그래서 먼저 기본형의 백53부터 55로 우상귀의 흑을 위협하면서, 백은 이 부분의 포위망을 강화해 나간다.

역시 흑이 주의할 일은, 우상귀의 흑을 공격하는 척하면서 백의 진짜 목표는 여전히 우변의 흑을 잡으려 하는 점이다. 따라서 흑은 우상귀만을 생각하며 백의 수에 대응하면 안 된다. 흑58 등도 그런 의미로서 위험한 응수였다. 흑이 58로 막았기 때문에, 백의 59에도 흑60의 '받음'이 필요하다.

흑58로서는, **참고도 B**의 흑1로 응수하는 배려가 필요했다. 이렇게 물러나도 귀의 흑은 충분히 산다. 기본형과는 a의 곳에 백돌이

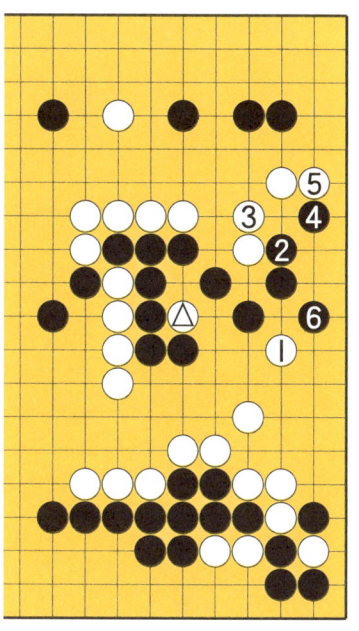

[참고도 A]

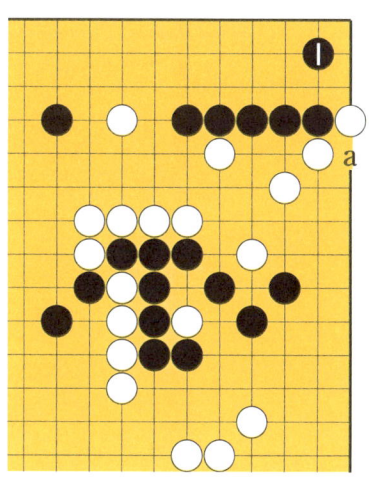

[참고도 B]

있는가 없는가의 차이지만, 나중에 알 수 있듯이 이런 차이가 우변 흑 대마(大馬 : 한 덩어리의 많은 돌)의 생사에 큰 영향을 미쳤다.

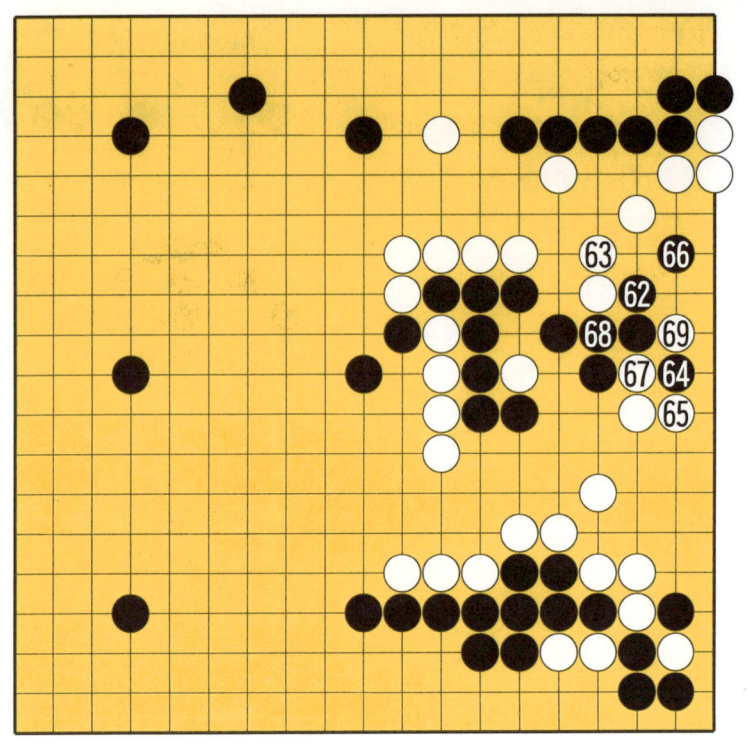

(흑62~백69)   [기본형]

【 제9보 】

● 마침내 대마가 죽다

　문제는 흑이 우변에서 눈(집) 하나가 더 생기느냐 하는 상황이다. 흑62와 백63의 다음에 흑64의 '마늘모'로 넓혔을 때도 흑은 한숨 돌렸다 생각했을지 모른다. 어렵지 않게 눈 하나가 될 듯한 모양이었기 때문이다. 그러나 안심하고 긴장을 풀었을 때 가장 위험한 사건이 벌어지곤 하는 것이 바둑이다.

　흑66이 돌이킬 수 없는 '실책'이었다. 흑으로서는 크게 안심하고 둔 수인데…… . 백67에 흑68로 잇지 않으면 안 되지만, 흑은 이런 관계를 전혀 생각지 않았던 모양이다. 백69로 한 점이 잡혀서, 마침내 대마가 사는 데 있어야 할 눈을 빼앗기고 말았다.

흑66으로서는, **참고도 A**의 흑 1이라면 눈을 만드는 데 지장 없었을 것이다. 흑7까지, a의 곳이 완전한 눈 하나임을 확인하기 바란다. 이런 흑1을 발견하는 게 아마추어에게는 꽤나 어려운 수임에는 틀림없다. 그렇다면 그 이전에 이토록 위험한 상태에 몰린 원인이 무엇이었는지 다시 한번 반성할 필요가 있겠다.

백은 최초부터 호시탐탐 이 흑을 노리고 작전을 꾸며 왔는데, 흑은 그것을 깨닫지 못하고 군데군데 방심이 있었다. 그것이 고전의 원인이 되었던 셈이다.

이를테면 제8보의 참고도 B를 다시 한번 검토해 보기 바란다. 그리고 우변의 상태가 제9보의 진

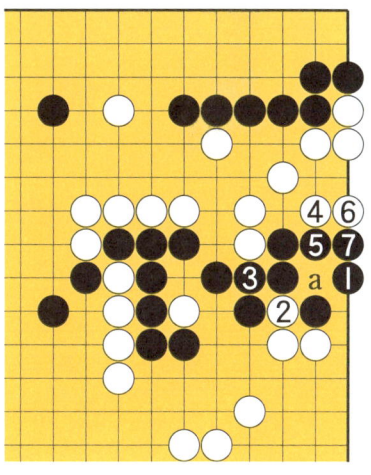

[참고도 A]

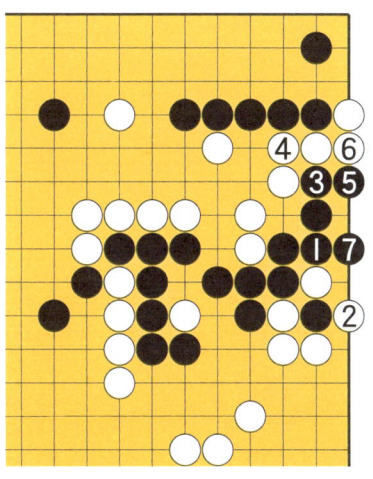

[참고도 B]

행처럼 되었다고 가정하면, 오른쪽 참고도 B와 같게 된다.

참고도 B 우변이 기본형의 백69까지 되어 있었더라도, 계속해서 흑1, 3, 5를 '선수'로 둘 수 있으므로, 흑7로 눈 하나를 만들 수 있다.

기본형은 이 백6의 자리에 이미 백돌이 있으므로, 사소해 보이지만 대마가 죽고 사는 엄청난 차이였던 셈이다.

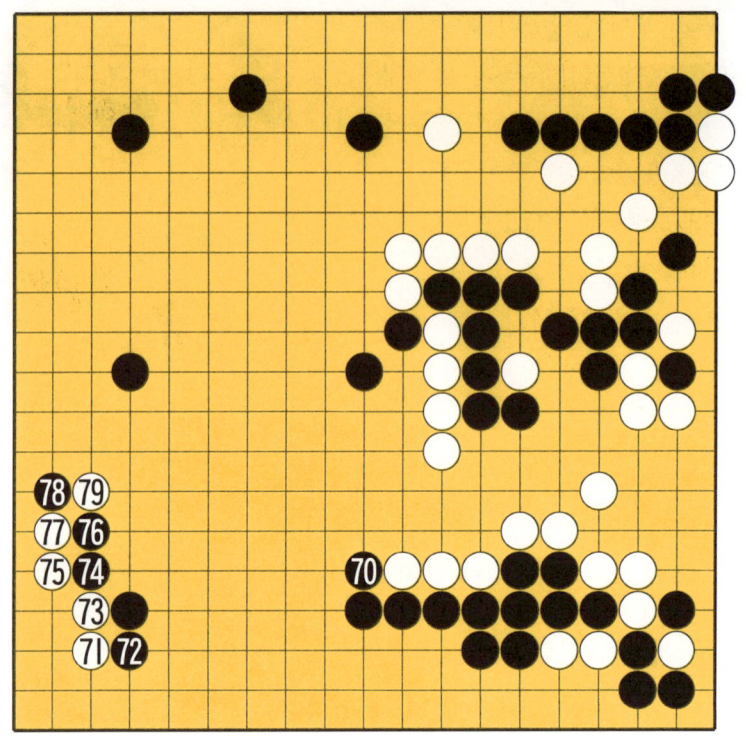

(흑70~백79)   [기본형]

【 제10보 】

🟡 누름은 무리

  우변의 흑은 눈(집)을 만들 수 없어서, 결국 모두 죽고 말았다. 그 결과 우변은 고스란히 백집이 되어 버렸기 때문에, 흑으로서는 이대로 나가면 큰일이다.

  흑이 정신을 가다듬고 둔 흑70은 좋은 수였다. 이 수에 의해 하변의 흑집을 크게 에워쌓을 수 있다면, 대마가 잡혔지만 아직도 절망은 아니다. 그런데 백이 71로 3·삼에 뛰어든 이후에 흑의 응수로서 흑78의 '누름'이 무리한 수였다. 백79로 끊어지자 흑의 모양은 도저히 수습하기에 어려워졌다. 흑78은 가만히 백79의 곳에 뻗어야만 했다.

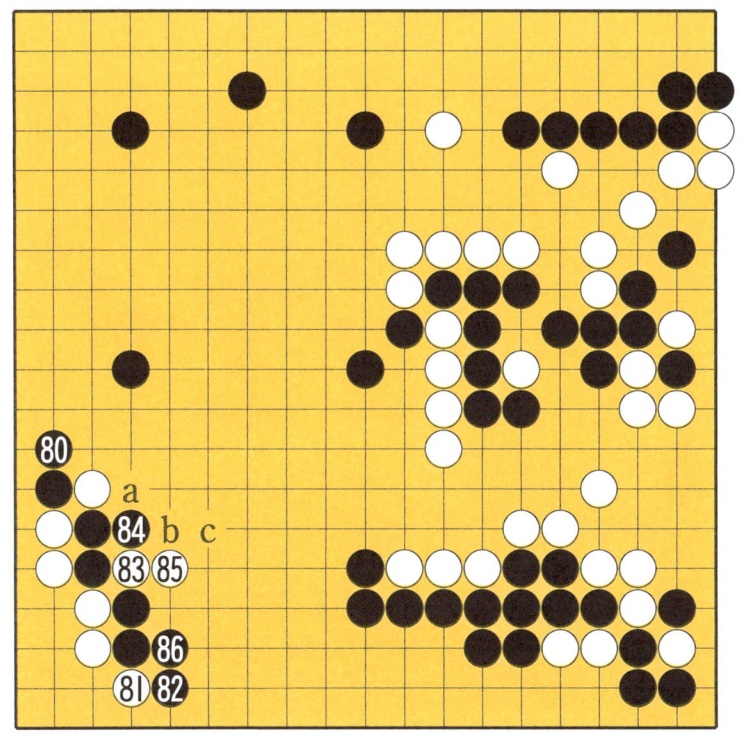

(흑80 ~ 흑86) [기본형]

【 제11보 】

● **위험한 모양**

앞의 그림에서 절대적인 무리한 수를 두었기 때문에, 흑은 앞으로 큰 피해를 입게 된다.

흑80으로 달아난 것은, 이미 여기에 이르러서는 부득이하다. 백83의 '끊음'에서 백85로 뻗어 점점 흑의 모양은 불안하게 되어 간다.

흑86에 이은 다음 백a, 흑b, 백c로서 '축'의 모양이지만, '천원'의 흑이 '축머리'라서 이 축은 백이 이 상태로는 성공하지 못한다.

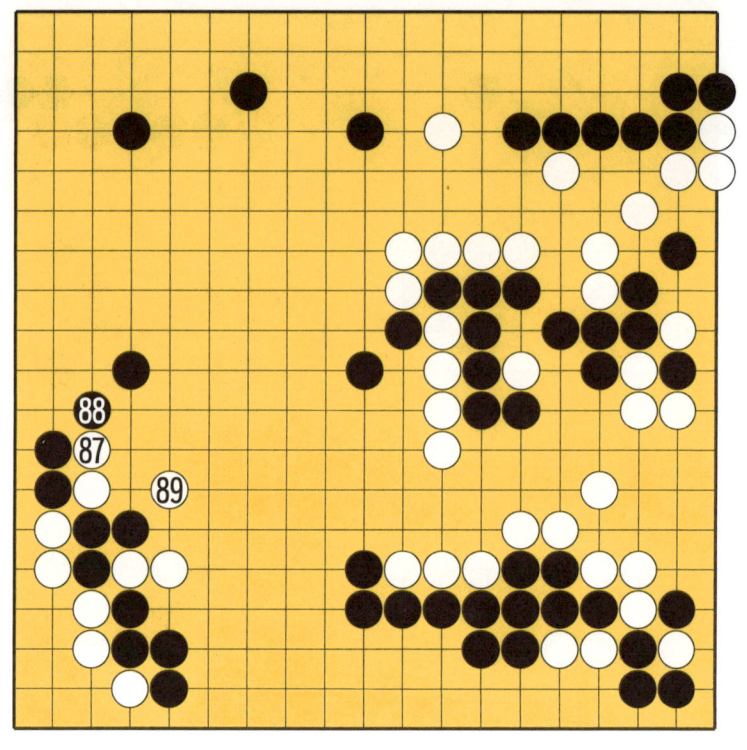

(백87~백89)   [기본형]

【 제12보 】

● 또다시 대손실

백87에 흑88의 응수는 당연하지만, 이어서 백89라는 좋은 수가 있어서 흑은 손실이 말이 아니다. 말할 것도 없는 '장문'으로서, 흑 세 점이 축과 관계 없이 잡히고 말았다.

이런 사태가 생긴 것도 제10보에서 초보자의 기초 개념도 무시한 흑78이라는 무모한 수를 둔 것이 원인이라고 하겠다. '9점 접바둑'의 혜택이 있어서 이렇게 망하고도 현재로서는 아직 흑의 패배라고는 할 수 없지만, 실력의 차이로 인해 흑은 이 뒤에 다시 손해를 거듭하여, 결국 백의 승리로 끝난 대국이었다. '90수 이하 생략, 백 불계승'.

제 3 장

바둑 실력 테스트

이 '바둑 배우기'는 여기까지 학습하면 '졸업'이며, 지금까지의 내용을 충분히 이해했다면 '5급' 정도의 수준에 도달한 셈이다. 이제부터는 얼마든지 실전을 경험하면서 실력을 배가해야 한다.

마지막으로, 즐거운 과제로서 지금까지 얼마나 잘 이해했는지 테스트용의 12문제를 출제했다. 어느 정도의 정답을 맞추는지, 바둑 친구들과 함께 풀어 보는 일도 도움이 될 것이다.

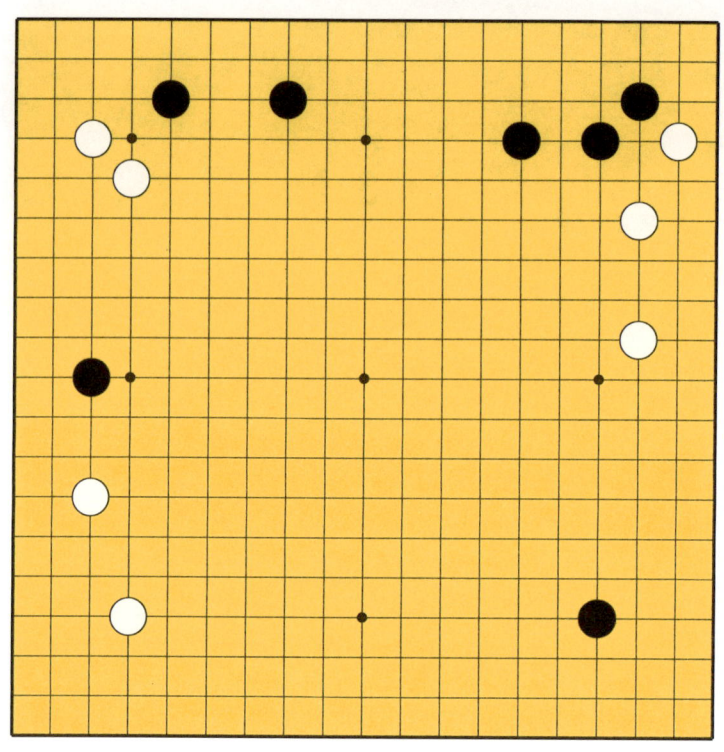

▦ 테스트 1

흑 차례로서, 다음의 한 수를 어디에 두어야 할까?

국면은 아직도 '포석'의 단계이지만, 사고방식의 힌트로서는 먼저 흑의 약한 돌을 발견하여 보강해야 한다는 사실이다. 다음에 그 수가 백에 대한 공격으로 이어진다면 만점이다.

격언 ☞ **초반에는 패 없다** : 초반전에는 적절한 '팻감'이 없으므로, 그냥 패를 해소해 버리는 것이 좋다.

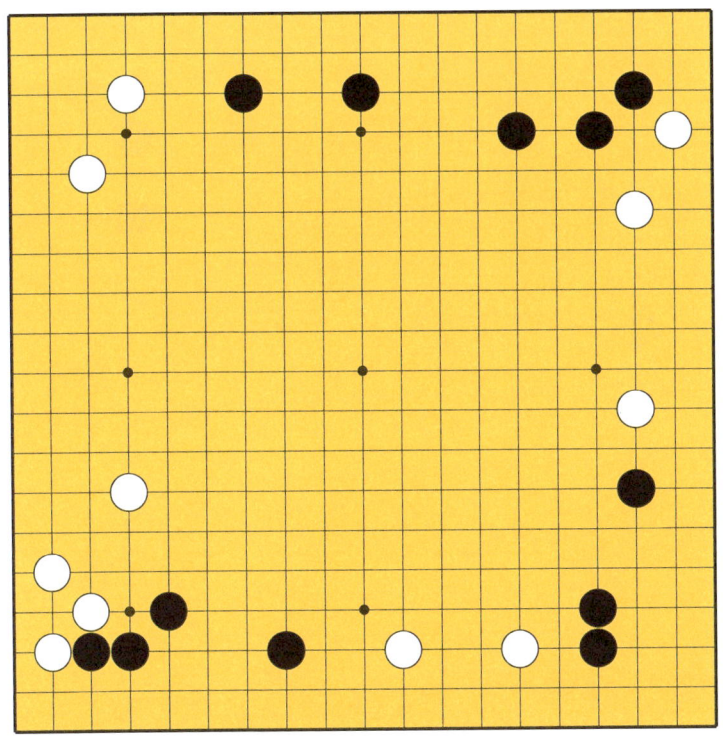

▦ 테스트 2

백 차례로서, 다음 한 수를 어디에 두어야 할까?

'포석'의 요점도 어느 정도 두었고, 서서히 중반으로 접어드는 상황인데, 백으로서의 최선의 수는? 한 수만 제시해 보기 바란다.

격언 ☞ **비마(飛馬) 끝내기는 8집** : 제2선에서 '눈목자'로 제1선에 뛰는 끝내기를 '비마 끝내기'라 하며, 실제 가치는 주변 환경에 따라 다르지만 보통 8집이라 보면 된다.

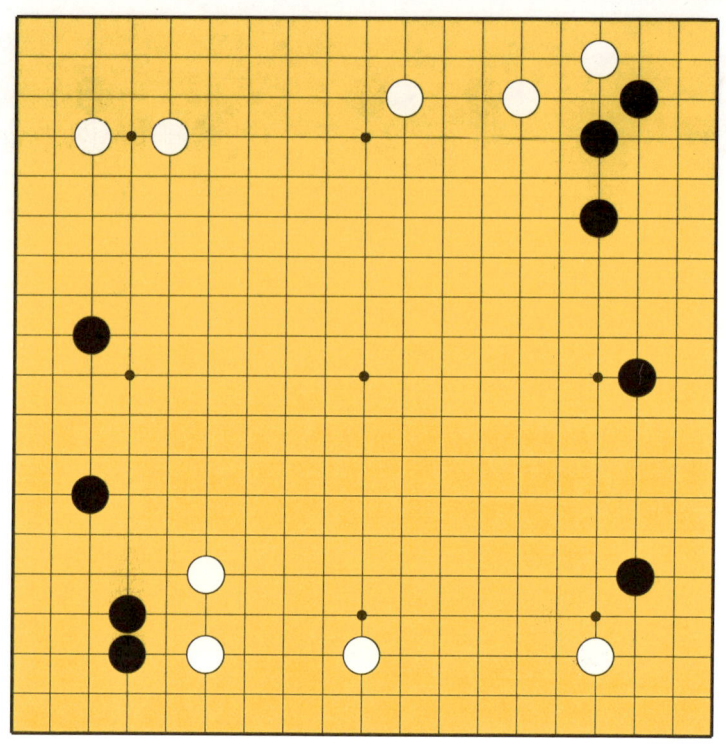

▦ 테스트 3

흑 차례로서, 다음 한 수를 어디에 두어야 할까?

역시 '포석'의 문제이다. 흑이 우변에 큰 세력을 쌓을 기회라고 훈수한다면, 어디에 먼저 시선이 갈까? 위의 그림에 이어지는 최선의 한 수만 제시해 보기 바란다.

격언 ☞ **빈삼각을 두지 마라 :** 예외도 있지만, 'ㄱ'자 형태로 이어진 3점의 돌은 그 안쪽에 상대의 돌이 아닌 빈 공간이 생겨 있으면 비능률적이다.

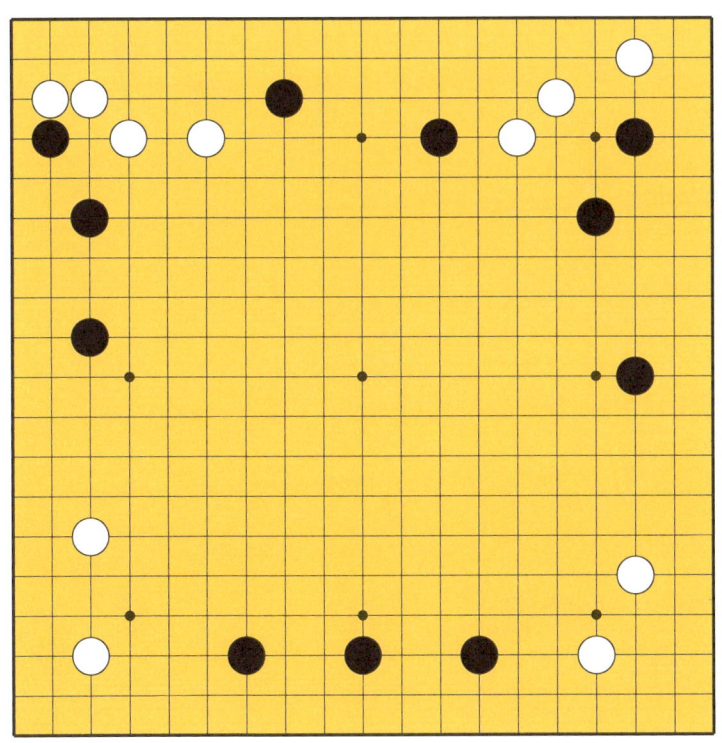

▦ 테스트 4

흑 차례로서, 다음 한 수를 어디에 두어야 할까?

흑으로서 공격과 수비를 겸한 절호의 한 수를 발견해 보기 바란다.
실전에서도 확실히 이와 같은 수를 둘 수 있게 되면, 서서히 초단에
도 도전해 볼만도 하겠다.

격언 ☞ **빵때림은 30집** : '빵때림'으로 한 점을 따내는 효과는, 실제로 30집
이상의 크기와 효과를 확보하는 정도의 가치가 있다.

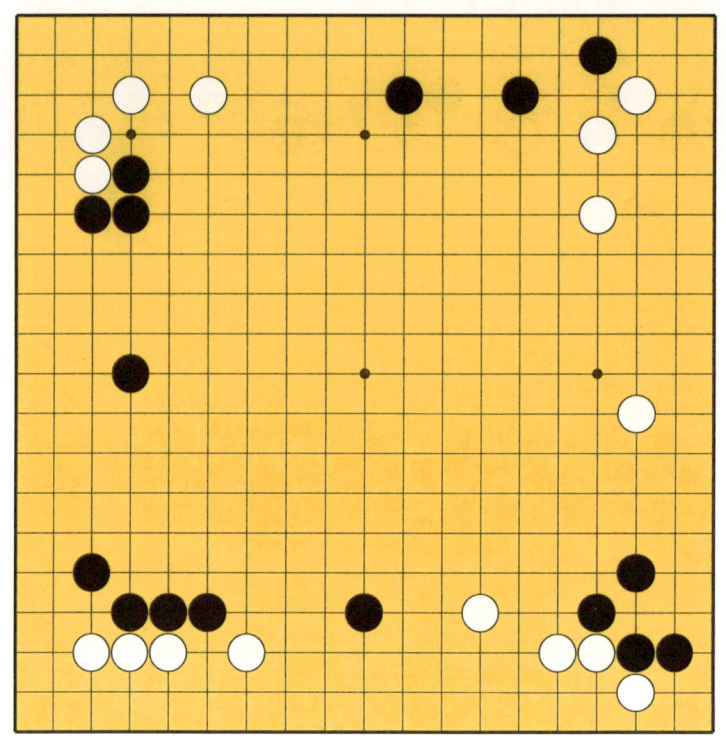

⊞ 테스트 5

　흑 차례로서, 다음 한 수를 어디에 두어야 할까?
　절대적인 요점이 있다. 흑이 두고 안 두고에 따라서 엄청난 차이
가 있다. 그렇다면 서로 시급히 다투어야 할 중반의 요소는 어디일까?

격언 ☞ **네 귀를 차지하면 승리** : 집짓기에 용이하고 효과적인 네 귀의 집
을 모두 차지하면, 집의 수에서 절대적 우위가 되어, 무조건 승리한다.

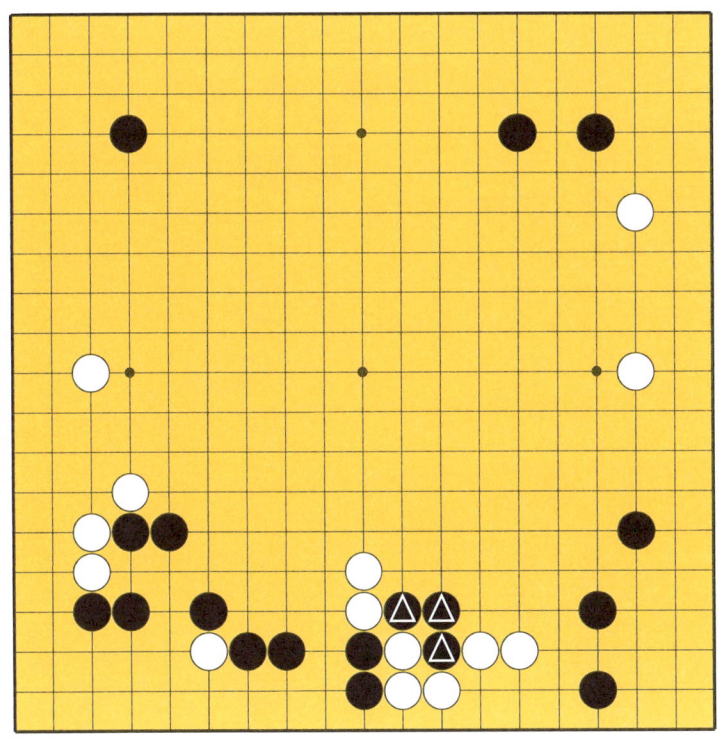

테스트 6

백 차례로서, 다음 한 수를 어디에 두어야 할까?

하변에서는 아직 결말이 나지 않았다. 백은 흑▲의 세점을 잡을 수 있으면 가장 좋은데, 과연 어떻게 두어야 할 것인지 생각해 보기 바란다.

격언 ☞ **두점 머리는 두들겨라** : 자신의 돌과 붙어 있는 상대방의 두 돌의 머리는, 무조건 붙여 누르는 것이 항상 유익하다.

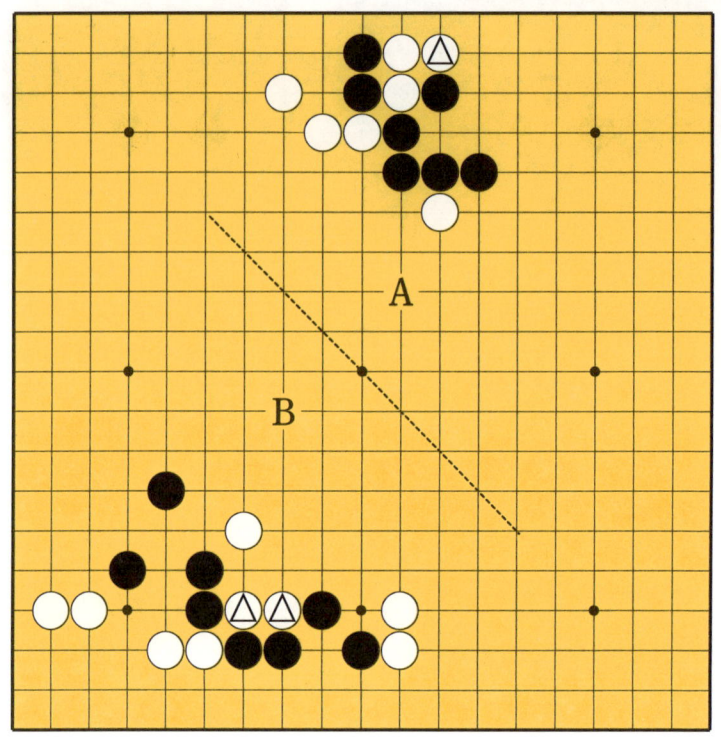

테스트 7

  (A) 흑 차례이다. 지금 백이 △에 둔 경우인데, 흑이 백 세점을 잡
아 버리는 매력적인 수단이 있다.

  (B) 흑 차례이다. 백△의 두점을 잡을 수 있다면 대성공이다. 그러
기 위한 맥점은 어디일까?

격언 ☞ **마늘모 행마에 묘수 있다** : 상대방의 공격을 받아 위기에 몰릴 때
는, '마늘모' 행마에 묘수(妙手)가 있다.

180　실전 코스

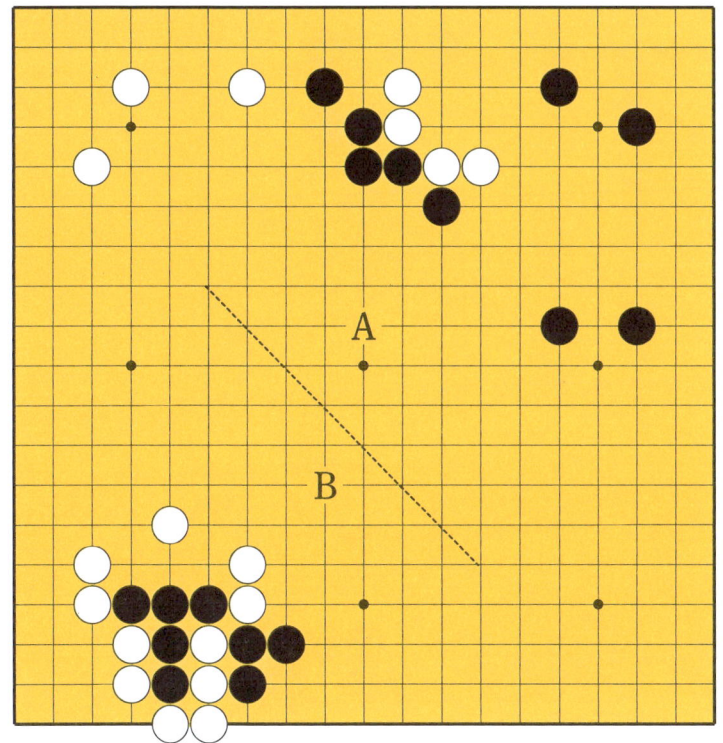

▦ 테스트 8

　(A) 백 차례이다. 상변의 흑 세력권 안에서 백은 괴로운 싸움을 하고 있다. 백은 한시라도 빨리 흑의 공격을 피하여 안심하고 싶은데, 그러려면 어떻게 지키는 게 좋을까? 공격과 수비의 급소가 있다.

　(B) 흑 차례이다. 백은 흑 다섯점을 완전히 포위했다 생각하며 안심하고 있다. 그러나 잘 보면 백의 모양에 큰 약점이 있다. 기사회생의 맥점을 찾아 백을 공략해 보기 바란다. 다소 어렵지만, 알고 나면 묘미를 느낄 것이다.

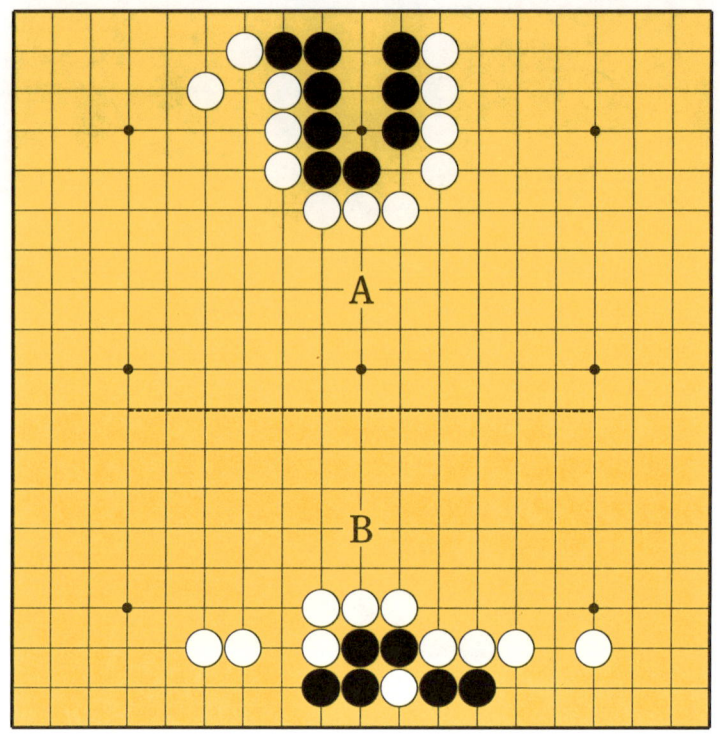

▦ 테스트 9

(A) 백 차례이다. 흑돌의 생사가 어떻게 되느냐 하는 문제이다. 백 차례이므로, 흑이 산다면 문제를 제시한 의미가 전혀 없다. 어떻게든지 흑을 잡는 수단을 생각해 보기 바란다. 눈모양을 어떻게 줄이느냐가 관건이다.

(B) 이 문제도 A문제와 마찬가지로 백 차례로서, 흑을 잡아 보기 바란다. 흑에게 백 한점의 따냄을 당하면 이미 잡는 수단은 없어진다. 그렇다면 첫수는 어디에 두는지 눈치채지 않았을까?

> **격언** ▷ **붙이거든 젖혀라** : 상대방이 자신의 돌에 붙여서 두었을 때는, 무조건 젖혀서 상대방이 맞끊거나 늘어가도록 강요한다.

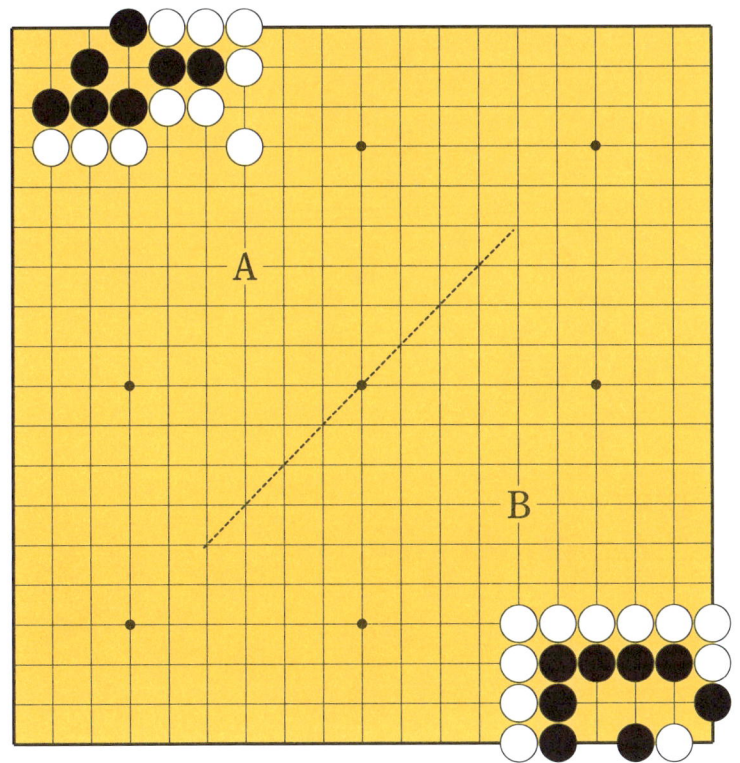

⊞ 테스트 10

(A) 이번에는 흑 차례로서, 흑의 생사 문제이다. 살기 위해서는 두 눈(집)을 만들어야 하는데, 어떻게 두어야 할까?

(B) 백 차례로 흑을 무조건 잡을 수 있다면 좋지만, 흑에게도 저항하는 수단이 있다. 아무튼 백은 어떻게 두어야 할까?

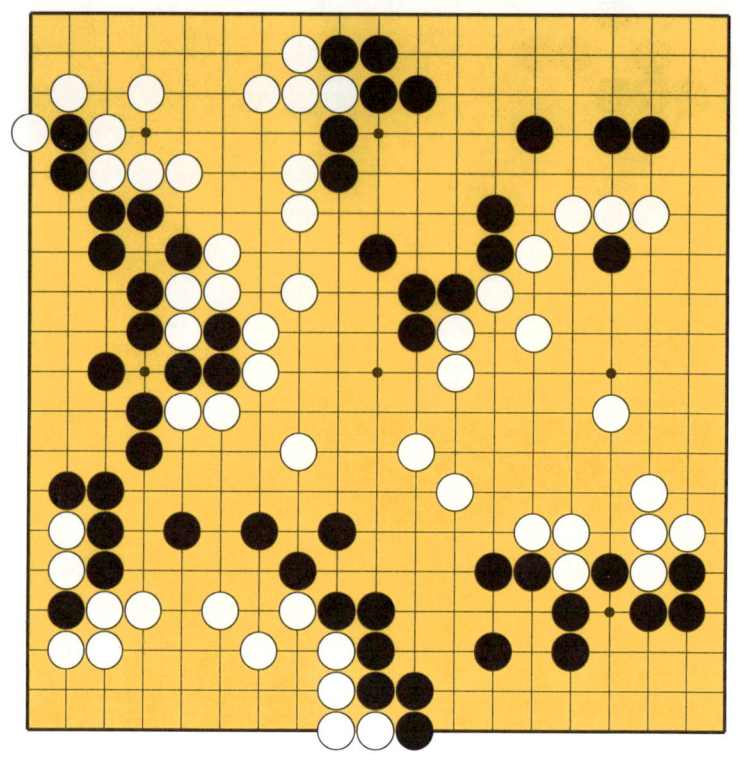

▦ 테스트 11

중반의 싸움도 대충 끝나고, 흑과 백의 집모양도 거의 뚜렷해졌다. 그러면 나머지는 끝내기의 단계. 끝내기를 어려운 것으로 생각해서는 안 된다. 반상(盤上 : 바둑판의 위)에 돌수가 많다는 것은 그만큼 앞으로 둘 곳은 적다는 의미도 되므로 둘 곳을 분명히 선택할 수 있게 된다. 집의 증감에 관해 가장 큰 곳을 발견할 것, 안과의 시력 테스트 같은 것이라고나 할까.

그럼 흑 차례로서 가장 큰 끝내기할 곳은 어디일까?

> **격언** ☞ **죽음은 젖힘에 있다** : 수상전이나 사활에서 상대를 이기는 급소는 우선 '젖힘'일 경우가 많다.

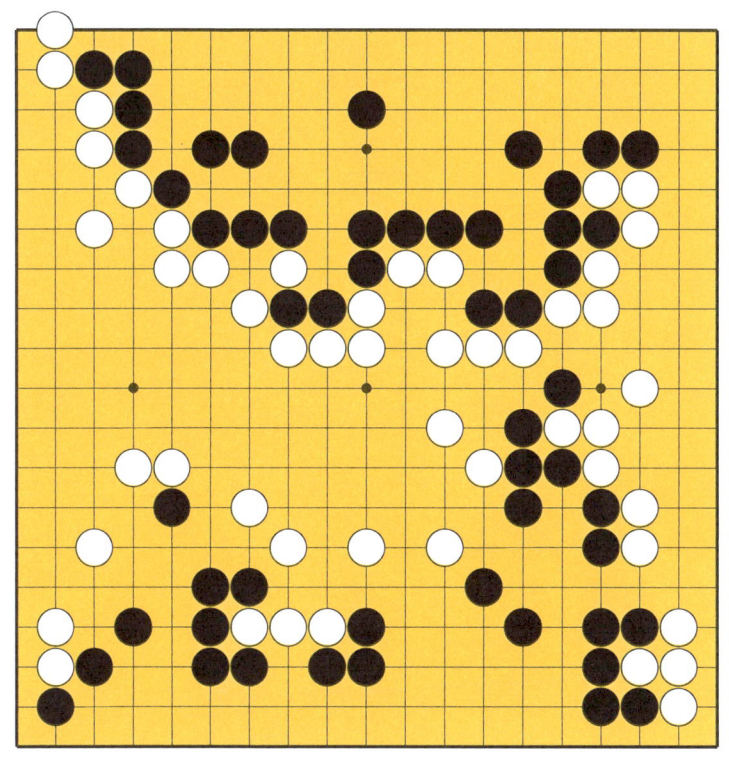

▦ 테스트 12

이 그림도 '끝내기'의 문제이다.

끝내기에서는 겉보기와는 달리 '큰 끝내기'라는 게 있다. 그러한 종류의 끝내기 수단에 빨리 익숙해지는 것이 끝내기에 강해지는 요령이다.

백 차례로서, 어디를 어떻게 끝내기하면 좋을까?

격언 ☞ **끊은 쪽 돌을 잡아라** : 제2선에서 상대가 양쪽 끊음 중 어느 쪽의 돌을 끊더라도, 그 끊은 돌을 잡는 것이 정석이다.

▶ 테스트 1 해답

흑은 좌변에서 흑1로 '두칸 벌림'하는 수가 정답이다.

이런 다음에 백이 '손 뺌'하면, 흑은 a로 귀에 들어가 백을 공격하려는 작전이다.

따라서 백은 흑1의 다음에 b의 '마늘모 붙임', 흑c라면 백d로 귀를 지키는 일이 중요하다.

▶ 테스트 2 해답

백은 1로 지켜 두는 게 중요하다.

백돌 1이 없다면 흑이 a로 뛰어드는 수가 매섭고, 백은 위아래로 분단되어 공격당한다.

백은 1처럼 먼저 자기 진영을 정비하고, 중반의 싸움에 대비하는 것이 바람직하다.

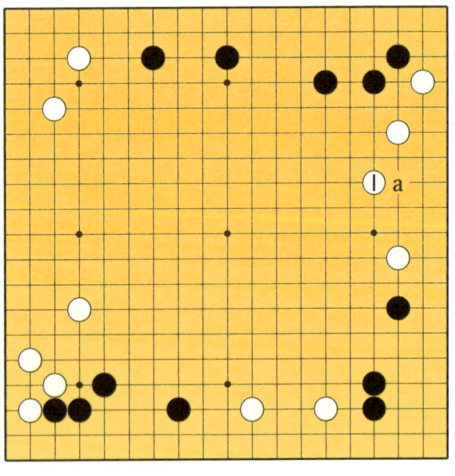

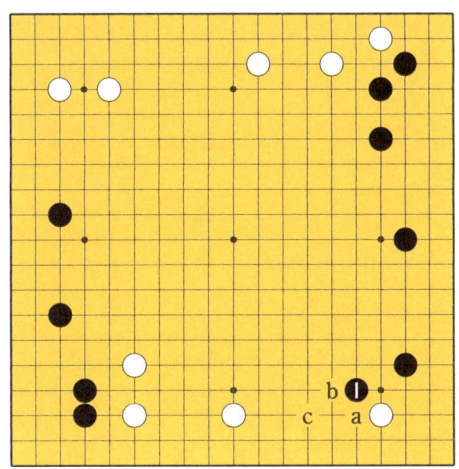

▶ **테스트 3 해답**

흑은 1로써 귀의 백돌을 압박하는 수가 좋다.

이런 다음에 백a, 흑b, 백c의 진행이 예상되지만, 흑이 한 수 둘 때마다 우변의 세력이 자꾸만 커진다.

흑1의 곳은, 백이 두어도 물론 절호의 수가 된다.

▶ **테스트 4 해답**

흑에게는 1의 '마늘모'가 공수(攻守)를 겸한 절호의 수이다.

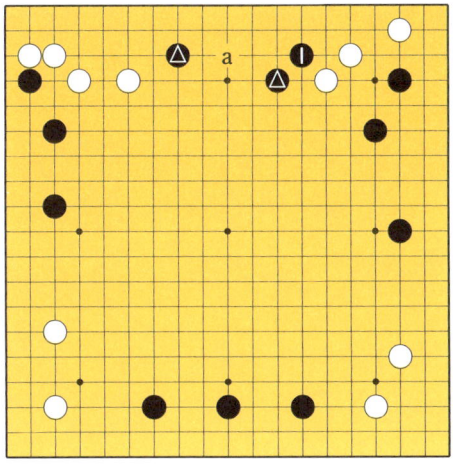

이 한 수가 덧붙여졌기 때문에, 흑▲는 공격받을 염려가 없어지고, 반대로 귀의 백 세점은 과히 안심을 할 수 없는 모양이 되었다.

흑1이 없으면 백이 a로 뛰어들어, 흑의 괴로운 싸움이 되었을 것이다.

▶ 테스트 5 해답

흑에게는 1의 '누름'이 이 장면에서 시급을 요하는 곳이다.

백2에는 흑3으로 흑△와 자연스레 연결하여 힘을 발휘할 뿐 아니라, 좌변의 흑 세력은 더욱 강력해지고 있다.

백이 흑1의 곳에 두었을 경우와 비교해 보기 바란다.

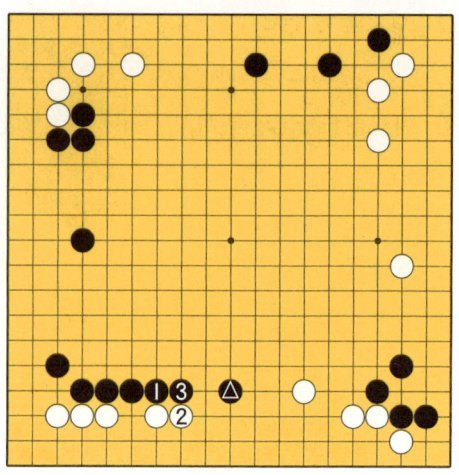

▶ 테스트 6 해답

백1은 '장문'의 일종으로서, 흑 세점은 이 한 수로 꼼짝할 수 없다.

두어 보면 간단하지만, 실전에서는 좀처럼 깨닫지 못하는 법이다.

계속해서 흑 세점이 달아나지 못하는 이유를 확인해 보기 바란다.

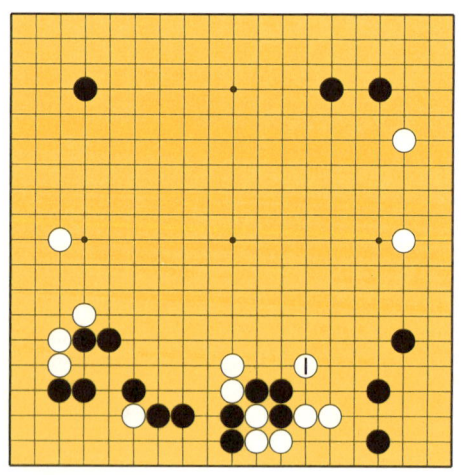

▶ 테스트 7 해답

(A) 흑은 1의 '젖힘'부터 흑3과 5로 백을 '단수'의 연속으로 몰아가는 게 좋은 수단이다. 이때 흑▲의 한 점이 잡히는 것을 겁내서는 안 된다. 백6으로써 흑▲의 곳에 이으면, 흑a로써 몰아 백 전체를 잡을 수가 있다.

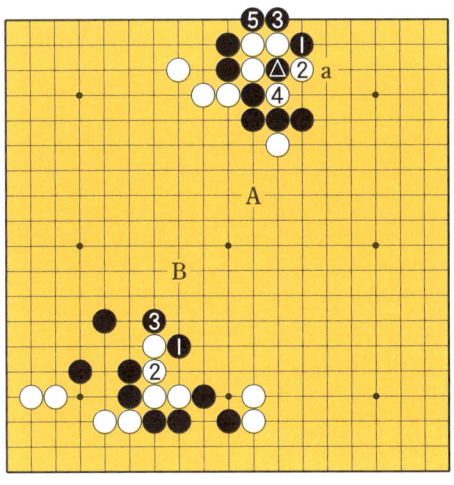

(B) 흑1의 '붙임'이 절묘한 맥점이다. 백2에는 흑3으로 눌러, 나머지는 백이 아무리 바둥거려도 헛일임을 알 수 있다.

▶ 테스트 8 해답

(A) 백은 1로 지키는 수가 이 경우의 좋은 모양이다. 이런 한 수로 '눈모양'이 생기면서, 백돌은 사뿐히 안정한다.

(B) 흑은 먼저 1로 끊고, 백2에는 흑3으로 뻗어 두는 수가 사전 공작이다. 백4일 때 흑5가 교

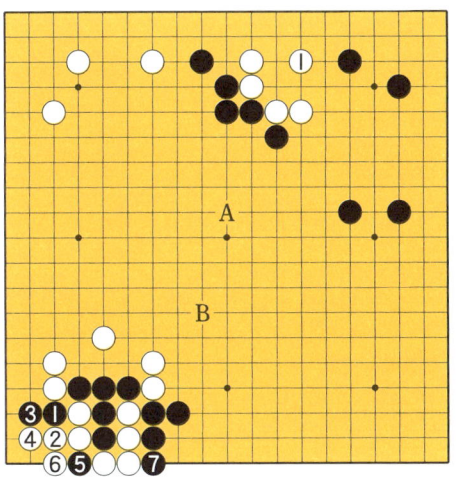

묘한 '버림돌'이며, 흑7까지로 '몰아떨구기'(연속 단수로 돌을 잡음)의 모양이 생긴다. 백에게 저항 수단이 없음을 확인해 주기 바란다.

▶ **테스트 9 해답**

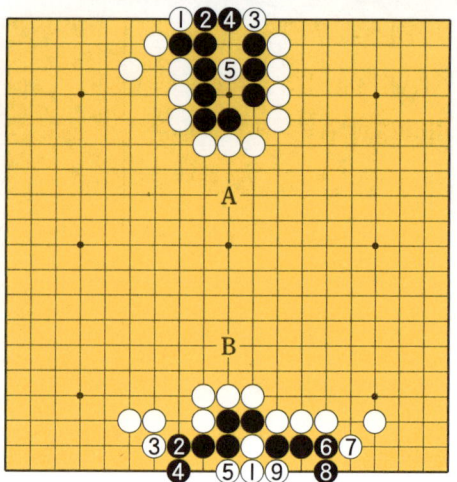

(A) 백이 1과 3으로 젖혀 흑의 집을 우선 축소시키고 나서, 백5로 '치중'하는 수가 정답이다. 흑이 2로써 백5의 곳에 두어도, 백은 흑4의 곳에 치중하여 역시 흑 죽음이 된다.

(B) 백1의 '뻗음'이 흑

을 잡기 위한 절대의 한 수이다. 흑이 2에서 8까지로 넓혀 와도, 백 5와 백9로 두 눈을 만들지 못하게 하면 흑에게 삶이 없다.

▶ **테스트 10 해답**

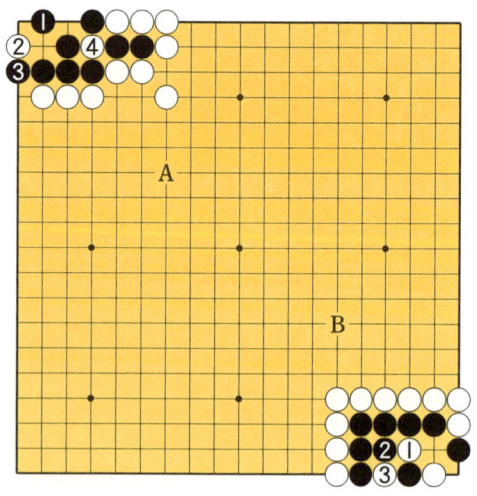

(A) 흑1이 '눈모양'의 급소이다. 백2에는 흑3으로써 무조건의 삶이다. 이어 백이 4로 두 점을 따내도 '패'가 아니므로, 흑은 백4의 한 점을 곧바로 되따낼 수 있다.

(B) 백1로 '집모양' 속의 흑 한점을 '단수'하는

게 옳고, 흑은 2로 버티어 백3으로 '패'가 되는 것이 정답이다.

▶ **테스트 11 해답**

정답은 흑1의 '마늘모'
이다. 다음에 흑이 우변
의 백진으로 뛰어들면
야단이므로, 백은 a로 막
는다. 흑은 다시 b에 선
수의 '끝내기'를 둘 수가
있는 것이 자랑이다.

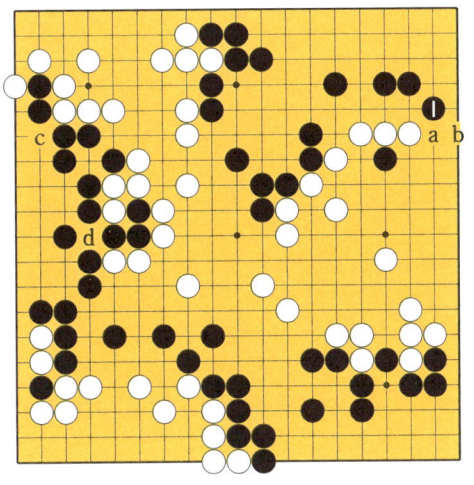

만일 백 차례라면, 역
시 흑1의 곳에 마늘모하
는 것이 백의 '선수 끝내기'가 되므로, 그 차이는 c와 d의 '후수 끝내
기' 등과는 비교가 되지 않을 만큼 크다.

▶ **테스트 12 해답**

백1의 젖힘이 최대의
끝내기이다. 흑2에는 백
3으로 잇고, 이런 다음
에 흑이 '손뺌'하면 다시
백a로 붙이는 큰 끝내기
가 남는다. 백1과 3의 수
단을 '젖혀이음'이라고
하는데, 꼭 기억하기 바
란다. b와 c 등의 자리

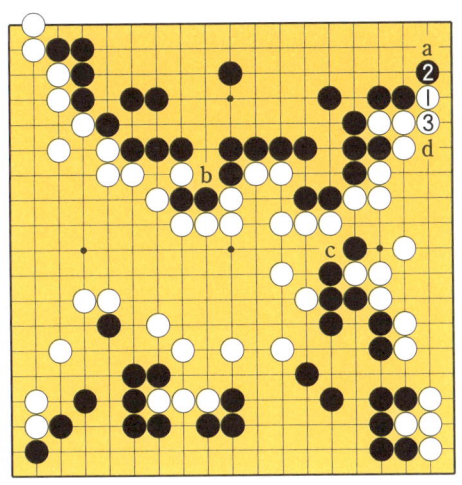

는 이런 다음의 끝내기이다.

그리고 흑 차례의 경우라도, 흑이 백3의 곳에 젖히고 나서 백d, 흑
1까지의 '젖혀이음'이 역시 최대의 끝내기이다.